Fritz Kalberlah

Frei ohne Willensfreiheit

Ein philosophischer Essay

Fritz Kalberlah

Frei ohne Willensfreiheit

Ein philosophischer Essay

Bibliografische Information der Deutschen Nationalbibliothek:
Die Deutsche Nationalbibliothek verzeichnet diese Publikation in der
Deutschen Nationalbibliografie; detaillierte bibliografische Daten
sind im Internet über http://dnb.dnb.de abrufbar.

© 2024 Fritz Kalberlah

Satz: de·te·pe, Ulrich Schmid, Aalen
Umschlagkonzeption und -gestaltung:
Weiß-Freiburg GmbH, Graphik & Buchgestaltung

Herstellung und Verlag: BoD – Books on Demand, Norderstedt

ISBN 9783759706225

Inhalt

1 Wie alles anfing … und die Folgen

Das Glas Wasser

Es begann mit einem Alltagskonflikt des Beziehungslebens. Meine Frau stellte mir fürsorgend ein Glas Wasser auf den Tisch. „Du solltest mehr trinken!" Ich bemerkte erstaunt, dass ich doch selbst auf mich achten und meine Trinkmenge selbst bestimmen wolle. Wenig später brachte sie wieder ein Glas Wasser. Ich fühlte mich zunehmend gefangen in der Fürsorge und machte ihr Vorwürfe.

Konnte sie denn nicht anders? Ich durfte ja davon ausgehen, dass sie mich nicht ärgern wollte. Und trotzdem! Offensichtlich obsiegte bei der Willensbildung meiner Frau ihr ausgeprägtes eingeprägtes Fürsorgeprogramm, nicht das Wissen um meine Allergie gegen freundliche Übergriffe, nicht das Vertrauen in meine Selbstverantwortlichkeit, nicht die Einsicht in die Ineffektivität ihrer Fürsorge, da ich oft tagelang, wenn wir uns nicht begegnen, ohnehin über die Trinkmenge allein entscheiden würde.

Diese Erfahrung (und einige ähnliche andere, bei denen ich mir auch selbst auf die Schliche kommen wollte, warum ich mich für jene und keine andere Handlung entscheide) brachte mich zum grundlegenden Nachdenken, wie es denn um unsere Willensfreiheit bestellt sein dürfte, wenn ein „handlungswirksames Wollen" (als Ergebnis des Willensbildungsprozesses) entsteht.

Je mehr ich mich damit auseinandersetzte und auch die Gedanken in der philosophischen Literatur auf mich wirken ließ, desto mehr kam ich von der Idee der Existenz einer Willensfreiheit ab und erkannte, dass wir nur so unseren Willen bilden, wie unsere Bedingtheit uns das erlaubt (also unter anderem unsere Prägung mit der verinnerlichten Wertewelt).

Dies führte bei mir zu mehr Leichtigkeit, meine Bedingtheit und die meiner Frau und anderer Menschen anzunehmen. Der Vorwurf „Wie kannst du nur immer wieder übergriffig ein Glas Wasser auf den Tisch stellen?" verblasste. Ich durfte lernen, mich einerseits deutlich von Verhalten, das ich nicht gut finde, abzugrenzen, andererseits der Person mit anderen Vorstellungen deshalb keine Vorwürfe zu machen, sie deshalb nicht abzuwerten und Respekt vor dem unterschiedlichen Wesen der anderen zu gewinnen. Denn das Argument: „Natürlich hättest du auch anders handeln können!" hatte sich für mich als ein Irrtum erwiesen.

Bringt meine Frau nun manchmal ein Glas Wasser, weicht die Entrüstung öfter einem gemeinsamen Lächeln: „So sind wir, da begegnen wir uns mal wieder in unseren Unterschiedlichkeiten!". Bisweilen fehlt mir geradezu unser Code „Trinkst du auch genug?", wenn die Frage ausbleibt. Öfter lernen wir auch dazu und freuen uns dann daran, dass wir Gleiches oder Ähnliches wollen.

Ein Gedanke führte zum nächsten, bis ich mich schließlich entschloss, diesen Essay „Frei ohne Willensfreiheit" zu schreiben, um die Gedanken zu teilen, vielleicht mit der Idee anzustecken und um weitere Anregungen zu einer verblüffend spannenden Thematik zu bekommen.

Ein übliches Gespräch

Als ich im Kaffeehausgespräch sagte, dass nach meiner Sicht kein freier Wille existiere, grinste mein Gegenüber mit ironischem Ton: „Und du hast dir natürlich nicht freiwillig ausgesucht, dass du heute mit mir hier an diesem Cafétisch plauderst und dass du gerade Kaffee und nicht Tee trinkst?!" Mein Antwortlächeln war etwas süßsauer, weil diese Bemerkung mich in fast allen Diskussionen zum Thema schnell entwaffnen soll – nach dem Motto: „Es ist schon reichlich absurd, was du mir mit dieser These der fehlenden Willensfreiheit auftischen willst und somit allenfalls eine liebenswerte gedankliche Spielerei – das sagt uns doch schon der gesunde Menschenverstand!".

Nachdem wir diese Hürde überschritten haben – ja, das kommt durchaus vor –, sind es oft Argumente zum Gerechtigkeitsempfinden, die mir entgegengehalten werden: „Und dann ist der Mörder nicht mehr schuld an seiner Tat – ohne freien Willen kann er ja nichts dafür und wird mit diesem Hinweis von der Anklagebank aufstehen und eine Strafwürdigkeit von sich weisen – er ist ja angeblich unfrei, also nicht verantwortlich für sein Handeln!"

Bisweilen gelingt es mir, auch bei dieser Thematik zumindest den Brustton der Überzeugung aus dem Gespräch aufzulösen, der etwa so klingt: „Ohne Willensfreiheit funktioniert schon unsere freiheitliche demokratische Grundordnung nicht mehr mit dem rechtsstaatlichen Prinzip der Anerkennung von Verantwortung, Schuld und Strafwürdigkeit!"

Wenn es also möglich wird, auch in diesem Punkt mehr Differenzierung und Nachdenklichkeit zu wecken, folgt bisweilen der Hinweis auf die (scheinbar) notwendige Konsequenz des Fatalismus: „Und wenn alles schon vorgegeben (determiniert) ist, dann sind wir ja alle nur Marionetten; dann kann ich mich auch aufs Sofa setzen und muss mich nicht mehr bemühen – es kommt ohnehin alles so, wie vorherbestimmt. Das ist doch keine nützliche Haltung zu den Herausforderungen des Lebens, selbst wenn ich natürlich zugebe, dass Willensfreiheit nicht beweisbar ist!"

Und wenn unser Gespräch, liebe Leserin/lieber Leser, nicht diesen üblichen Verlauf nehmen und nicht vorzeitig auf einer der skizzierten Stufen mit Grinsen, Kopfschütteln oder Resignation enden soll, dann wäre es aus meiner Sicht hilfreich, diesen Essay weiterzulesen. Denn diese häufigen, spontanen Reaktionen werden aufgegriffen und etwas genauer angeschaut. Ich freue mich auf dieses Gedanken-Gespräch mit Ihnen!

Widersprüchliches Interesse

Ja – es ist wahrlich kein brandneues Thema, das ich aufgreifen möchte. Die vorliegenden philosophischen Betrachtungen haben auch nach Jahrhunderten kein abschließendes Ergebnis gebracht und jedes Jahr erscheinen neue Publikationen zur ungelösten Fragestellung: Gibt es nun einen freien Willen oder doch nicht?

In einer interdisziplinären Analyse zur Willensfreiheit fand ich einen bezeichnenden Satz aus dem dreizehnten (!) Jahrhundert, der bereits die Unauflösbarkeit des Problems für alle Zeiten prognostizierte:

„Es gibt einen Disput [der weitergehen wird] bis die Menschheit von den Toten aufersteht, zwischen den Necessitariern und den Partisanen des freien Willens", *Dschalal ad-Din Rumi*[1].

Für mich sind drei Gründe erkennbar, warum dieser Diskussion heute bei uns im Lebensalltag einerseits in der Regel keine hohe Bedeutung zugemessen, andererseits aber dann, wenn sie denn geführt wird, zumeist heftig und polemisch geführt wird:

Erstens haben sich viele Menschen innerlich bereits entschieden, dass sie die Existenz von „Willensfreiheit" annehmen, weil sie ein festgelegtes Freiheitsgefühl in ihrem Weltbild ver-

---

1 Eine interdisziplinäre Analyse der Willensfreiheit (socrethics.com); besucht 2.4.2024

ankert haben, zum Beispiel: „Ich kann in die Berge oder ans Meer zum Urlaub fahren, also bin ich frei" oder „jede Person hat, wenn sie nicht krank ist, natürlich den inneren freien Spielraum, unsere Gesetze einzuhalten oder zu verletzen". Diese scheinbare Bestätigung einer Willensfreiheit ist tief in unserem kulturellen Verständnis verankert. Damit empfinden viele eine Diskussion zu diesem Thema als reichlich akademisch. Für das praktische Leben werden philosophische Grundsatz-Fechtereien als irrelevant eingeordnet. Die Sache ist doch klar! Genervte Reaktionen oder Desinteresse am Thema können die Folge sein. Wir werden sehen, dass die Sache ganz und gar nicht „so klar" ist, und zwar auch konkret – nicht nur akademisch!

Zweitens: wenn aber doch diskutiert wird, liegen die Heftigkeit wie auch die häufige Unterbewertung der zentralen Bedeutung des Themas Willensfreiheit in der aktuellen Debatte daran, dass wir alle es gewohnt sind, unsere eigenen Denkgewohnheiten für *selbstverständlich* oder *natürlich* anzunehmen und nicht darauf zu achten, dass beim Anderen bisweilen eine konträre Position ebenso als *selbstverständlich* und *natürlich* angesehen wird. Oft ergibt sich ein Streit, bei dem den jeweils anderen vorgeworfen wird, sie würden „zu kurz" denken, „geradezu absurde" Annahmen treffen, sollten einmal ihren „gesunden Menschenverstand" anwenden, und die anderen würden zu wenig Mühe aufwenden, bestimmte Argumente zu hinterfragen. All diese Anwürfe finde ich auch in Fachbüchern professioneller philosophischer Autoren. Es wird also keine Schlussfolgerung daraus gezogen, dass es bei solchen philosophischen Fragestellungen oft mehrere Wahrheiten gibt, die alle Respekt verdienen und vielleicht – bei Verlassen der gewohnten, eigenen Denkgewohnheit – wertvolle Bereicherungen für unser eigenes Verständnis der Anderen und von uns selbst bedeuten könnten.

Und drittens: Wenn jemand von Willensfreiheit spricht, steht in der Wahrnehmung meist der Begriff „Freiheit" im Vordergrund, wobei recht unterschiedliche Definitionen dieses Begriffs vorliegen und in unseren gedanklichen Assoziationen verankert sind. So lässt sich trefflich aneinander vorbeireden und wahlweise streiten oder die Thematik als irrelevant abtun, weil wir jeweils über unterschiedliche Dinge, unterschiedliche Freiheiten sprechen, ohne dies uns klarzumachen. Und auch wenn wir über den Begriff „Willensfreiheit" sprechen, so gibt es weit auseinander liegende Definitionen, zu denen meist nicht vorab eine Verständigung herbeigeführt wird. Das muss dann schief gehen!

Und was folgt?

Deshalb möchte ich in diesem Essay die Fragestellung „Gibt es nun einen freien Willen oder doch nicht?" auf folgende Weise aufnehmen:

- Zunächst möchte ich einige zentrale Definitionen beschreiben und abgrenzen, damit wir uns einig sind, wovon wir sprechen!
- Dann möchte ich den Begriff der Willensfreiheit in ein erweitertes Gedankengebäude einordnen, das explizit die menschliche Fähigkeit zum Lernen einschließt, was gegenüber vielen bestehenden Ansätzen den Blickwinkel verändert und vielleicht den Zugang zu meinem Verständnis der Willensbildung (und der fehlenden Willensfreiheit dabei) öffnet.
- Und dann bestätige ich, dass uns (trotz fehlender Willensfreiheit) eine bestimmte Art von Freiheit durchaus gegeben ist. Was hat es damit in diesem Gedankengebäude auf sich?
- Ich bemühe mich ausdrücklich darum, den Fokus der Diskussion mit zahlreichen Beispielen auf die Alltagsrelevanz des Themas zu lenken und keine rein akademische Debatte

zu führen. Ein gewisses philosophisches Theoriegebäude ist bei der Thematik allerdings unvermeidlich – rechnen Sie also bitte mit einem Stück anspruchsvoller Wegstrecke!

- Für diejenigen, die die Debatte gegenüber bestehenden Aussagen von Philosophen von z. B. Aristoteles über Immanuel Kant, Friedrich Nietzsche und Arthur Schopenhauer zu z. B. Peter Bieri, Ernst Tugendhat, Harry Frankfurt oder Geert Keil einordnen wollen, sage ich keine erschöpfende Erörterung zu, weil eben dies zu einer von mir nicht erwünschten, akademischen Theoriearbeit führen würde, berücksichtige diese aber dort, wo mir dies für eine abgewogene Betrachtung erforderlich oder spannend scheint.

- Ich werde mich nicht davor drücken, auch auf die Kritikpunkte an den Skeptikern der Willensfreiheit einzugehen. Dabei sind natürlich insbesondere die Themen der Demotivation, der strafrechtlichen Relevanz und Verantwortlichkeit bei fehlender Willensfreiheit einzuschließen.

- Abschließend will ich beschreiben, weshalb das hier dargestellte Verständnis Freiheit ohne Willensfreiheit mein Alltagserleben und mein Menschenbild verändert hat. Insofern soll die Diskussion daran gemessen werden, ob sie Nützliches für die Lebensbewältigung bietet.

2 Meinen wir das Gleiche?
– zur Begrifflichkeit in der Debatte zur Willensfreiheit

2.1 Was wir wollen und der „eigene" Wille

Der Begriff *Wille* ist nicht eindeutig definiert. Ich greife auf die Brockhaus-Begrifflichkeit zurück: „[Wille bedeutet] allgemein das Umsetzen von Vorstellungen oder Zielen in die Realität durch Handlungen."[2] Auch in diesem Essay wird *Wille* im Einklang mit dieser Skizzierung benutzt.

Bei der Charakterisierung des menschlichen Willens sind Zusätze hilfreich, die weitgehendem Konsens in der philosophischen Diskussion entsprechen dürften:

- Willensbildung kann als *Abwägungsprozess* beschrieben werden, mit dem Willen als Ergebnis. Dieses Ergebnis entspricht dem *handlungswirksamen Wollen* am Ende des Prozesses[3] und manifestiert sich als *Entscheidung* zur Umsetzung.[4]

---

2   Brockhaus Psychologie. 2. Auflage. Mannheim 2009, Sekundär zitiert nach Wikipedia: https://de.wikipedia.org/wiki/Wille; besucht 31.5.2024

3   Z.B. zu *Handlungswirksamen Wollen:* Begriff unter anderem verwendet von Stephan Lau, Zur Divergenz von gegebener und erlebter Freiheit in Entscheidungen – ein psychologischer Beitrag zur Erklärung menschlichen Freiheitserlebens, Greifswald, Dissertation, 2013

4   Z.B. zu *Entscheidung:* Verknüpfung unter anderem hervorgehoben bei Felix Manuel Nuss: „Wille ist die aus dem Ich kommende und entwickelbare Grundkraft (Energie), die das alle Handlungen bestimmende Streben des Menschen bezeichnet, sich mithilfe der Vernunft, also dem Ausprägen von bewussten Motiven, und mit fester Absicht für ein Verhalten

- Willensbildung und damit der Wille stehen unter dem Einfluss des *Bewusstseins*.[5]

- Mit der Willensbildung ist eine gewisse zeitliche Ausdehnung und Begrenzung verbunden, die auch im Begriff *Prozess* zum Ausdruck kommt: durch Abwägungsschritte ergibt sich eine zeitlich nicht näher zu spezifizierende Abgrenzung gegenüber einem ersten, spontanen Handlungsimpuls. Der Prozess der Willensbildung endet in seiner zeitlichen Begrenzung mit der Entscheidung zur Umsetzung.

- Frühe mögliche Vorstufen zum Willen können z. B. Impuls, Bedürfnis, Begehren, Sehnen, und – auf späterer Prozessstufe – Absicht und Vorsatz sein, indem diese in den Abwägungsprozess bei der Willensbildung einbezogen sind. Diese möglichen Vorstufen sind jedoch selbst nicht mit dem Ergebnis, also dem handlungswirksamen Wollen / dem Willen, zu verwechseln[6].

Der Text in Wikipedia zur Willensdefinition formuliert schärfer und spricht – zumindest missverständlich – abgrenzend von einer Unterscheidung: „… Der Wille ist zu unterscheiden vom Wollen, dem meist triebgesteuerten Verlangen nach etwas (siehe auch Bedürfnis, Wünschen, Begehren, Sehnen oder Tanha)."[7,8]

---

zu entscheiden und ein (bestimmtes) Ziel anzustreben", in: Nuss, Felix Manuel, 2022, Willensorientierte Soziale Arbeit: Der Wille als Ausgangspunkt sozialräumlichen Handelns. Weinheim: Beltz

5   Z. B. zum *Bewussten:* Erwähnung unter anderem bei Wikipedia: „[Wille ist ein] bewusstes, auf das Erreichen eines (bestimmten) Zieles gerichtetes Streben, jmds. Wollen, feste Absicht", https://www.dwds.de/wb/Wille; besucht 23.05.2024

6   *Wille* und *Wollen-* Unterscheidung: „Wollen ist die Tätigkeitsform des Willens, somit ein *in Umsetzung begriffener Wille.* Um etwas Wollen zu können, muss man einen Willen zu etwas besitzen und selbigen bereits ausgebildet haben", nach Stephan Lau, a.a.O.; deshalb werden „handlungswirksames Wollen" und Wille gleichgesetzt

7   ebenda

Indem ich auch triebhaften Motiven (wie Begehren) eine mögliche Funktion *innerhalb* der Willensbildung zugeordnet habe, stelle ich nicht die Abgrenzung, sondern den Zusammenhang dieser Vorstufen mit dem späteren Willen in den Vordergrund und charakterisiere die Willensbildung als nicht rein bewussten oder intelligiblen Prozess.

Die Rolle des Bewusstseins bei der Willensbildung wird jedoch z.B. in der Psychologie besonders betont und dafür ein spezifischer Begriff gewählt: *Volition*. „Volition bezeichnet die bewusste, willentliche Umsetzung von Zielen und Motiven in Resultate (Ergebnisse) durch zielgerichtete Steuerung von Gedanken, Emotionen, Motiven und Handlungen."[9] Dem Bewusstsein wird in dieser Definition eine entscheidend-steuernde Funktion bei der Volition zugeordnet, so dass unklar bleibt, ob alle anderen triebhaften Motive als vollständig vom Bewusstsein steuerbar angesehen werden.[10]

Die Kennzeichnung des Willens als „eigener" Wille wird begrifflich in diesem Essay dann verwendet, wenn das handlungswirksame Wollen von willensbildenden Menschen als Ergebnis der Abwägung mit Hilfe der *Selbstreflexion* (als Bewusstseinsfunktion; vgl. Abschnitt 2.2) beschrieben werden kann. Dann ist

---

8   *Tanhā* (Sanskrit) „kann mit Begehren, Verlangen, Gier, Durst oder Wollen übersetzt werden, der „Ich-will"- oder „Ich-will-nicht"-Geist … Gilt im Buddhismus als Ursache allen Leidens …, [das] die den Menschen an den Kreislauf der Wiedergeburten … fesselt.";
https://de.wikipedia.org/wiki/Tanha; besucht: 24.5.2024

9   Ebenfalls nach Wikipedia sekundär zitiert. Dort wird verwiesen auf: Brockhaus Psychologie. 2. Auflage. Mannheim 2009

10   Ganz allgemein geht man bei der *Volition* davon aus, dass dabei „… die Überwindung verschiedener interner und externer Widerstände wie zum Beispiel Unlustgefühlen, Ängsten, Ablenkungen oder Ziellosigkeit notwendig [sei]"; https://homepages.thm.de/~hg10086/volition.html#a1582; besucht 24.5.2024; die Überwindung triebhafter Motive durch das Bewusstsein wird nicht explizit angesprochen

es der „eigene Wille" – es ist die *Meinigkeit*[11] des Willens angesprochen, was wiederum erfordert, dass eine Person von einem *Selbst* – ihrem *Selbst* – ausgeht und den Willen als dem Selbst zugehörig wahrnimmt. Diese Wahrnehmung kann verzerrt, ungenau oder gar falsch sein, stellt jedoch eine individuelle Annäherung an die *Authentizität* des Willens dar.

Der Schweizer Philosoph Peter Bieri verwendet den Begriff des „angeeigneten Willens", um den „eigenen Willen", den Willen, der mit Meinigkeit verknüpft ist, zu charakterisieren. Die Aneignung bestehe a) in der Artikulation: es müsse Klarheit darüber gewonnen werden, was man genau will, b) im Verstehen: Dann müsse man gegebenenfalls den Eindruck der Fremdheit des eigenen Willens auflösen, und c) in der Bewertung: der eigene Wille müsse dann noch gutgeheißen werden.[12]

2.2 Bewusstseinsfrage

Es erscheint mir nicht erforderlich, im Zuge der Diskussion von Freiheit und Willensfreiheit auch eine differenzierte Lösung des „neurobiologischen Rätsels Bewusstsein"[13] zu entwickeln. Da jedoch in der Definition des menschlichen Willens das Bewusste zu berücksichtigen ist und da ein hier zentraler Freiheitsbegriff

---

11 Begriff der Meinigkeit: http://www.luxautumnalis.de/meinigkeit-oder-das-inkarnierte-selbst/; besucht 24.5.2024; vgl. auch https://www.das-gehirn.info/wahrnehmen/ich/was-ist-dieses-ich; besucht 24.5.2024

12 P. Bieri, Das Handwerk der Freiheit, München 2001/2006; S. 384. Bieri bezeichnet den „angeeigneten Willen" als freien Willen, was nicht mit dem Verständnis in diesem Essay übereinstimmt. Die Charakterisierung des „angeeigneten Willens" durch die beschriebenen Merkmale bedeutet jedoch, dass in der „Meinigkeit" ein sehr ähnliches Verständnis zu dem in diesem Essay verwendeten Begriff des „eigenen Willens" besteht.

13 https://link.springer.com/book/9783827431226; besucht 10.6.2024

eng an das Bewusstsein gekoppelt ist, muss der Terminus eingegrenzt werden.

Mir gefällt die Einordnung von Thomas Metzinger (2009): „Bewusstsein ist kein Alles-oder-Nichts-Phänomen, sondern tritt graduell auf. Bewusstsein ist zudem kein einheitliches Phänomen, sondern hat verschiedene Aspekte:

- Wahrnehmung der Außenwelt
- Aufmerksamkeit
- Gedächtnis
- Gefühle, insbesondere das Ich-Gefühl
- Reflexionen höherer Ordnung, insbesondere das Wissen um die eigene Existenz"[14].

Der Neurowissenschaftler António R. Damásio definiert Bewusstsein wie folgt: „Bewusstsein ist ein Geisteszustand, in dem man Kenntnis von der eigenen Existenz und der Existenz einer Umgebung hat"[15] und hebt somit ebenfalls die Selbstwahrnehmung als Bewusstseinselement hervor. Ich möchte der Selbstwahrnehmung und der damit verbundenen Selbstreflexion mit Blick auf die Voraussetzungen für Freiheit eine zentrale Bedeutung zuordnen (vgl. Abschnitt 2.3).

Der Selbstreflexion entspringt auch die Wahrnehmung einer (bestehenden oder fehlenden) *Meinigkeit* des gebildeten Willens – ob also ein Wille als der *eigene* identifiziert wird (vgl. Abschnitt 2.1).

Es ist jedoch wichtig, dass menschliche kognitive Vorgänge nicht vornehmlich im Bewusstsein, sondern dominierend im *Unbewusstsein* und *Unterbewusstsein* stattfinden (vgl. Abschnitt 3.4). Die begriffliche Abgrenzung zwischen dem Unterbewuss-

---

14 Thomas Metzinger, Der Ego-Tunnel, Eine neue Philosophie des Selbst: Von der Hirnforschung zur Bewusstseinsethik; Berlin, 2010

15 Antonio Damasio, Ich fühle, also bin ich, Die Entschlüsselung des Bewusstseins; München, 2000

ten und Unbewussten ist fließend. In diesem Essay werde ich beide Begriffe zusammen (als Wortkombination „Unterbewusstsein und Unbewusstsein"; auch „das Unbewusste und das Unterbewusste") verwenden, sofern der Kontext es nicht erforderlich macht, nur auf einen der Begriffe Bezug zu nehmen, da eine Differenzierung für die Thematik der Willensfreiheit nicht erforderlich ist.

2.3 Wir sprechen von *Freiheit*

Freiheit! Auch wenn das Wort isoliert ausgerufen wird, führt es bereits zu intensiven Emotionen. Aber so allein in den Raum gestellt ist ziemlich unklar, worum es hierbei geht. Es scheint erforderlich, dass wir zunächst präzisieren, welche Freiheit wir meinen, welches Frageadverb beim Begriff Freiheit steht, bevor wir Diskussionen über Freiheit führen und vertiefen. In der folgenden Abbildung 1 habe ich verschiedene Frageadverbien und jeweils Beispiele für Antworten angefügt.

Es ergeben sich also nach Abbildung 1 fünf Aspekte, die das Verständnis konkretisieren, was jeweils in unserem Themenzusammenhang mit Freiheit gemeint ist. Ich spreche von fünf statt vier Aspekten, weil die „positiven Voraussetzungen für Freiheit" zwei miteinander verbundene Aspekte betreffen, die Freiheit durch Kompetenz und die Freiheit durch Selbstreflexion. Diese fünf Aspekte sind also:

- Freiheit von Einschränkung
- Freiheit durch Kompetenz
- Freiheit durch Selbstreflexion
- Freiheit bei der Willensbildung („Willensfreiheit")
- Handlungsfreiheit.

wovon?
betrifft negative Voraussetzungen für Freiheit
z.B. Antwort: „Freiheit von Einschränkungen!"

wobei? *betrifft Kriterien beim Prozess der Auswahl von Handlungsoptionen*
z.B. Antwort: „Freiheit bei der Willensbildung!"

Freiheit

wodurch?
betrifft positive Voraussetzungen für Freiheit z.B. Antwort: „Freiheit durch Kompetenz und Selbstreflexion!"

wofür?
betrifft Zweck und Kriterium von Freiheit
z.B. Antwort: „ Freiheit, um das zu machen, was ich will!"

Abbildung 1: Verschiedene Aspekte von Freiheit
(Voraussetzungen für Freiheit, Kriterien für einen als frei geltenden Prozess, Zweck der Freiheit mit Kriterium für erreichte Freiheit)

Alle diese Freiheitsaspekte sind hier mit Blick auf das Ziel der Willensbildung ausgewählt und beispielhaft erläutert (z.B. Antwort). Es besteht kein Anspruch auf eine vollständige oder auch nur umfassende Systematik von Definitionen zum Freiheitsbegriff

Im Folgenden wird näher beschrieben, was mit den jeweiligen Begrifflichkeiten im Zusammenhang mit diesem Essay gemeint ist. Ich belasse es zunächst bei diesen fünf Freiheitsbegriffen (einige Ergänzungen folgen in Abschnitt 3.6).

Die Freiheit von Einschränkungen

Die Freiheit von Einschränkungen wird oft auch als negative Freiheit („Freiheit von …"[16]) bezeichnet. Einschränkungen können außerhalb einer Person liegen (z.B. durch Gefängnis, Pressezensur, elterlichen Zwang, gesetzliche Auflagen oder kulturelle Normen) oder innerhalb einer Person (z.B. durch Erkrankun-

---

16   Z.B. Isaiah Berlin: Freiheit. Vier Versuche; Frankfurt am Main, 1995

gen, Phobien, Hemmungen, verinnerlichte moralische[17] Tabus). Fehlen solche Einschränkungen (keine äußeren oder inneren Zwänge), sind diese Einschränkungen nicht relevant für das Wollen einer Person oder handelt es sich, statt um Zwänge, um überwindbare Hindernisse, sind wir nach dieser Definition frei.

Der Begriff „Freiheit von Einschränkungen" hat somit eine ontologisch-philosophische[18] und eine psychologische Basis. Ontologische Aussage: Der Mensch *ist* frei von Einschränkungen (wenn bestimmte äußere oder innere Einschränkungen entfallen). Psychologische Aussage: der Mensch ***fühlt sich*** frei, wenn diese Einschränkungen entfallen.

Das Bild „Über den Wolken muss die Freiheit wohl grenzenlos sein" beschreibt entsprechend das Gefühl, von den Einschränkungen des Alltags und der Schwerkraft *entbunden* zu sein. Der Gefangene kommt nach Verlassen des Gefängnishofes ans *Licht der Freiheit*. Nachdem das Lampenfieber verebbt war, spielte die Pianistin *befreit* auf.

Die Freiheit von Einschränkungen ist Voraussetzung für eine noch nicht näher spezifizierte Freiheit („Freiheit *wofür?*"). Wenn die Kreuzbandverletzung verheilt ist, hat die Person die Chance, wieder Sport zu machen. Auf diesen Zweck der Freiheit (z. B. „um Sport machen zu können") gehe ich im fünften Freiheitsbegriff ein.

---

17   Die Begriffe Moral und Ethik werden in diesem Essay synonym verwendet

18   Hier wird der Begriff der „ontologischen Philosophie" statt der „philosophischen Anthropologie" verwendet. Damit möchte ich den Anthropozentrismus bei der Thematik vermeiden und betonen, dass ich letztlich einen rein wissenschaftlichen Beweis, ob es Freiheit gibt oder nicht, nicht für möglich halte. Zum weiteren Hintergrund und Begründung vgl. auch Josef Quack, Anthropologie als Erste Philosophie ?; München,2007

Freiheit durch Kompetenz

Die Freiheit durch Kompetenz wird auch oft als *positive* Freiheit („Freiheit zu …"[19]) bezeichnet. Ich möchte diese Freiheit durch Kompetenz mit identischer Bedeutung auch als „Freiheit durch Potenziale" bezeichnen – es ist die Freiheit des *Könnens*.

Potenziale für Freiheit können außerhalb einer Person begründet sein (z.B. durch Pressefreiheit) oder innerhalb einer Person (z.B. durch Erfüllung beruflicher Qualifikationsanforderungen, kreative Eigenschaften, moralische Kompetenz, soziale Kompetenz, emotionale Kompetenz, sportliche Fitness und Erfahrung). Der Terminus „Freiheit durch Kompetenz" hebt in erster Linie auf das *innere* Potenzial ab, während in meiner ergänzenden Terminologie *inneres oder äußeres* Potenzial im Freiheitsbegriff „Freiheit durch Potenziale" vereinigt sind. Diese Begriffe (Freiheit durch Kompetenz, Freiheit durch Potenziale) betreffen die *grundsätzlichen* Möglichkeiten, die eine Person zu einem bestimmten Zeitpunkt besitzt. Ob diese Freiheit in jedem Moment besteht, ob also die grundsätzlich vorliegende Kompetenz situativ abrufbar ist, kann nicht vorausgesetzt werden und ist somit unsicher. Freiheit durch Kompetenz kann durch bewusstes und unbewusstes Lernen verbessert werden und beinhaltet unter anderem auch eine kompetenzsteigernde *Informiertheit*.

Der Begriff „Freiheit durch Kompetenz" hat somit eine ontologisch-philosophische und eine psychologische Basis. Ontologische Aussage: Der Mensch erweitert seine Möglichkeiten durch Kompetenz, gewinnt also zusätzliche grundsätzliche Optionen, was seine Chance erhöht, bei seinen Willensentscheidungen eine bessere Wahl zu treffen. Psychologische Aussage: Der Mensch mit hoher Kompetenz fühlt sich freier in einem

---

19 Isaiah Berlin, a.a.O.

Auswahlprozess, bei dem er seine Kompetenz einbringen kann, ohne überfordert zu sein.

Mit dem guten Abiturzeugnis „stand ihr die Welt offen" – sie fühlte sich also frei in ihrer Berufswahl. Die „freie demokratische Grundordnung" ist eine der Grundfesten der deutschen Verfassung, wonach Jede(r) seine Potenziale als Mensch frei entfalten könne. Potenzial gibt Freiheit!

Mit dem Beispiel der Freiheit durch Kompetenz aufgrund des Abiturzeugnisses ist also schon ein klein wenig eine Freiheit „wofür" einbezogen (z. B. um einen gewünschten Beruf wählen zu können und dabei nicht überfordert zu sein). Damit ist jedoch das übergreifende Charakteristikum einer „Freiheit wofür" noch nicht übergreifend definiert (siehe dazu: fünfter Freiheitsbegriff).

Und es ist auch offensichtlich, dass einer negativen Freiheit (einer Freiheit von Einschränkungen) in der Regel eine positive Freiheit (eine Freiheit durch Potenzial) gegenübersteht. Wer frei von Hemmungen ist, kann z. B. sein Potenzial in der Kommunikation möglicherweise besser ausnutzen, um in den gewünschten Kontakt mit anderen Personen zu treten. Die Abgrenzungsdebatte zwischen negativer und positiver Freiheit wird hier nicht vertieft aufgegriffen.

„Denken macht frei", sagte Wilhelm Griesinger, Begründer der modernen, naturwissenschaftlich orientierten Psychiatrie und Arzt an der Berliner Charité (1817–1868). So steht es auf dem Sockel seines Denkmals bei der Berliner Charité geschrieben. Auf der anderen Seite der Büste steht: „Die großen Gedanken kommen aus dem Herzen". Schöne Sätze zur Freiheit durch Kompetenz – durch mentale und emotionale Kompetenz!

Freiheit durch Selbstreflexion

„Freiheit durch Selbstreflexion" ist ein von mir hier eingeführter, sonst wenig üblicher Freiheitsbegriff, der jedoch mit ähnlicher Bedeutung als „Freiheit durch Selbstbestimmung" oder „Freiheit durch Autonomie" etabliert ist. Dabei nehme ich auf das „Selbst" Bezug und ordne dem Selbst eine zentrale Bedeutung als Referenzpunkt für Freiheit zu. Dass beim Menschen ein Selbst existiert, wird als wesensmäßige Realität angenommen, die untrennbar mit dem Bewusstsein verbunden ist (vgl. Abschnitt 2.2). Es ist als Freiheit zu verstehen, wenn der Mensch die Chance hat, nach seinem *eigenen* Willen – nach dem Willen, der mit *Meinigkeit* verknüpft ist – zu handeln (vgl. Abschnitt 2.1).

Wenn keine relevanten grundsätzlichen Einschränkungen im Potenzial (in der Kompetenz) bei einer Willensbildung vorliegen und *zusätzlich* keine *konkreten* inneren oder äußeren Einschränkungen als solche erlebt werden, dann fühlt sich das Ergebnis der Willensbildung „stimmig" oder *authentisch* an. „Ein authentischer Mensch kennt seine Stärken und Schwächen ebenso wie seine Gefühle und Motive für bestimmte Verhaltensweisen. Dies setzt Selbsterkenntnis durch Selbst- und Fremdwahrnehmung und Selbstreflexion voraus, um sich seiner selbst und seines Handelns bewusst zu werden."[20] Insofern bedeutet „Freiheit durch Selbstreflexion" eine spezifische „Freiheit durch Kompetenz", nämlich durch die Kompetenz in der Selbstreflexion.

---

20 Michael Kernis und Brian Goldman; 2005; From Thought and Experience to Behavior and Interpersonal Relationships: A Multicomponent Conceptualization of Authenticity. In A. Tesser, et al.(Eds.), On building, defending and regulating the self: A psychological perspective (pp. 31–52). Psychology Press; zitiert nach Wikipedia; https://de.wikipedia.org/wiki/Authentizit%C3%A4t; besucht 26.05.2024

Allerdings ist die Wahrnehmung als „authentisch" nicht abgesichert: eine Selbsttäuschung kann bei diesem Freiheitsgefühl nicht ausgeschlossen werden, auch ein manipulierter Mensch kann sich möglicherweise als authentisch oder als „frei durch Selbstreflexion" erleben.

Eine Freiheit durch Selbstreflexion fehlt, wenn z. B. ein Kind noch weitgehend in „seinem" handlungswirksamen Wollen den Willen der Eltern ausführt, ohne eine Abwägung vorzunehmen, ob das „eigene" Wollen nur das Wollen der Eltern übernimmt. Aber auch Erwachsene erleben es immer wieder: wir tun etwas, obwohl wir uns nicht wohl fühlen beim Ergebnis unserer Abwägung, vielleicht ein „schlechtes Gewissen" haben, z. B. indem wir innerlich nicht akzeptierte Kompromisse eingehen, indem wir aus Sorge, nicht zu gefallen, unser authentisches Wollen im Handeln verleugnen, bis hin zur Akrasie[21].

Die eher gebräuchlichen Freiheitsbegriffe, die ich hier nicht verwenden möchte, betreffen in ähnlicher Weise das Selbst, nämlich „Freiheit durch Autonomie" oder „Freiheit durch Selbstbestimmung". Je nach Definition von Autonomie und Selbstbestimmung können diese Begriffe ähnlich verstanden werden wie Freiheit durch Selbstreflexion, sind jedoch aus meiner Sicht zu missverständlich; dazu mehr in der späteren Diskussion (Abschnitt 3.5).

Der Begriff „Freiheit durch Selbstreflexion" hat somit eine ontologisch-philosophische und eine psychologische Basis. Ontologische Aussage: Der Mensch erweitert seine Möglichkeiten durch die Selbstreflexions-Kompetenz, erhält also die zusätzliche Chance, bewusst die Kriterien angemessener in die Abwägung einzubeziehen, die seinem Selbstverständnis entsprechen. Dies erhöht seine Möglichkeit, die bessere Wahl bei der Ent-

---

21 Unter Akrasie oder Akrasia versteht man den Fall, dass eine Person eine Handlung ausführt, obwohl sie eine alternative Handlung für besser hält.

scheidung zu seinem handlungswirksamen Wollen zu treffen. Diese „bessere Wahl" wird in Kapitel 3 auch als „höhere Qualität der Willensbildung" bezeichnet (Abschnitt 3.9). Psychologische Aussage: Durch die Erfahrung der Selbstwahrnehmung und -reflexion fühlt sich der Mensch freier in einem Auswahlprozess – er vertraut darauf, seinen eigenen Willen authentisch wahrzunehmen und danach zu handeln – er fühlt sich „bei sich".

Auch wenn es sich bei der „Freiheit durch Selbstreflexion" um eine bestimmte „Freiheit durch Kompetenz" handelt, sollte dem besonderen Aspekt der „Freiheit durch Selbstreflexion" explizit Rechnung getragen werden, da sich das besondere Verhältnis zwischen dem Bewusstsein, dem Selbst und der Freiheit gegenüber sonstiger „Freiheit durch Kompetenz" unterscheidet: Eine aus physischer, mentaler, emotionaler oder moralischer Kompetenz resultierende Handlungsoption kann erst zur *bewussten* Option bei der Willensbildung werden, wenn diese Kompetenz auch wahrgenommen und über Selbstreflexion der eigenen Person zugeordnet wird.

Willensfreiheit

Henrik Walter (1999) liefert eine Definition von Willensfreiheit, die hier (mit einer kleinen Klarstellung) übernommen werden soll. Sie besteht aus drei miteinander verknüpften Prinzipien:

„1. *Alternativität:* Der Handelnde hätte sich auch anders verhalten können, also im Moment der Entscheidung anders wollen können. Das Kriterium des Andershandelnkönnens oder Prinzip der alternativen Möglichkeiten … nimmt in der klassischen Willensfreiheitsdebatte eine zentrale Stellung ein.

2. *Autonomie und Intelligibilität:* Die Handlung ist *autonom*, d.h. unterlag der Kontrolle des Handelnden und war frei von äußeren oder inneren Zwängen, beruhte insbesondere auf selbst-

bestimmten, prinzipiell verständlichen *Gründen* – und nicht auf Zufall.

3. *Urheberschaft:* Der Handelnde allein und *nur er* muss *Urheber* seiner Willenswahl und damit dieser Handlung sein."[22]

Im Punkt 2 (Autonomie und Intelligibilität) muss eine Unschärfe zum Begriff der *Intelligibilität* angesprochen werden. Walter grenzt den Begriff in seinen weiteren Ausführungen ein: „Im Alltag wird dieses Prinzip daran deutlich, dass als freie Handlungen vor allem solche angesehen werden, die durch überlegte, abgewogene und reflektierte Entscheidungen gekennzeichnet sind" und ergänzt: „auf Grund bewusster Reflexion ... (Intelligibilität)"[23]. Dieser Intelligibilitätsbegriff ist somit bei Walter offener verstanden als die Definition etwa durch die platonische Ideenlehre oder die Sichtweise von Immanuel Kant, wo die geistige Welt einschließlich des Bewusstseins und der Vernunft *unabhängig* von der sinnlichen Welt eine übergeordnete Rolle einnimmt. Ich interpretiere den Begriff der Intelligibilität hier vergleichbar mit dem Terminus der „bewusstseinsbegleiteten Abwägung" in anderen Definitionen. Die Unschärfe des Autonomiebegriffs wird in Kauf genommen (vgl. jedoch Abschnitt 3.5 zur Problematik).

Die vorgestellte Definition von Willensfreiheit bezeichnet Henrik Walter als die Willensfreiheit „in starkem Sinne". Der Freiheitsbegriff betrifft den Prozess der Willensbildung. Diese

---

22 Walter, H. (1999). Neurophilosophie der Willensfreiheit. Von libertarischen Illusionen zum Konzept natürlicher Autonomie (2. Aufl.). Paderborn: mentis. Zitiert nach Carl-Friedrich Stuckenberg, Willensfreiheit und strafrechtliche Schuld, Antrittsvorlesung an der Universität des Saarlandes, 2008

23 Walter, H., 2004, Willensfreiheit, Verantwortlichkeit und Neurowissenschaft, Psychologische Rundschau, 55, 2004

Begrifflichkeit entspricht dem Verständnis, wie ich Willensfreiheit in diesem Essay einordne.

Es gibt auch die Begrifflichkeit von „Willensfreiheit im schwächeren Sinne" oder der *bedingten* Willensfreiheit", die verschiedene Einschränkungen gegenüber der oben genannten Definition beinhaltet[24]. Ich greife diese Thematik abgrenzend in Abschnitt 3.15 auf und begründe dort, weshalb mir eine Definition von Willensfreiheit in diesem schwächeren Sinn (oder als „bedingte Willensfreiheit") als wenig hilfreich erscheint.

Es bleibt anzumerken, dass die vorgestellte Definition der Willensfreiheit auf das Ergebnis der Willensbildung, die Handlung, fokussiert, jedoch nicht mit dem Begriff der *Handlungsfreiheit* verwechselt werden sollte: bei der Willensfreiheit steht die Frage im Vordergrund, ob der *Prozess* frei ist, der in einem Ergebnis (der Umsetzung in der ausgewählten Handlung) mündet.

Handlungsfreiheit

Bei der Handlungsfreiheit wird nun das Ergebnis der Willensbildung dahingehend betrachtet, ob dieses Ergebnis eine Freiheit für die Umsetzung, also für die nun anstehende Handlung, beinhaltet. Die Abgrenzung wird in Abbildung 2 nochmals verdeutlicht.

Die Abbildung soll auch andeuten, dass die Handlungsfreiheit zwar die Willensbildung voraussetzt, dass aber die Handlungsfreiheit nicht notwendigerweise die Willensfreiheit voraussetzt.

Für die Handlungsfreiheit liefert Wikipedia eine erste Definition: „Das Handeln einer Person gilt als frei, wenn es ihr möglich ist, das zu tun, was sie will, also ihrer Natur nach eigenen In-

---

24 ebenda

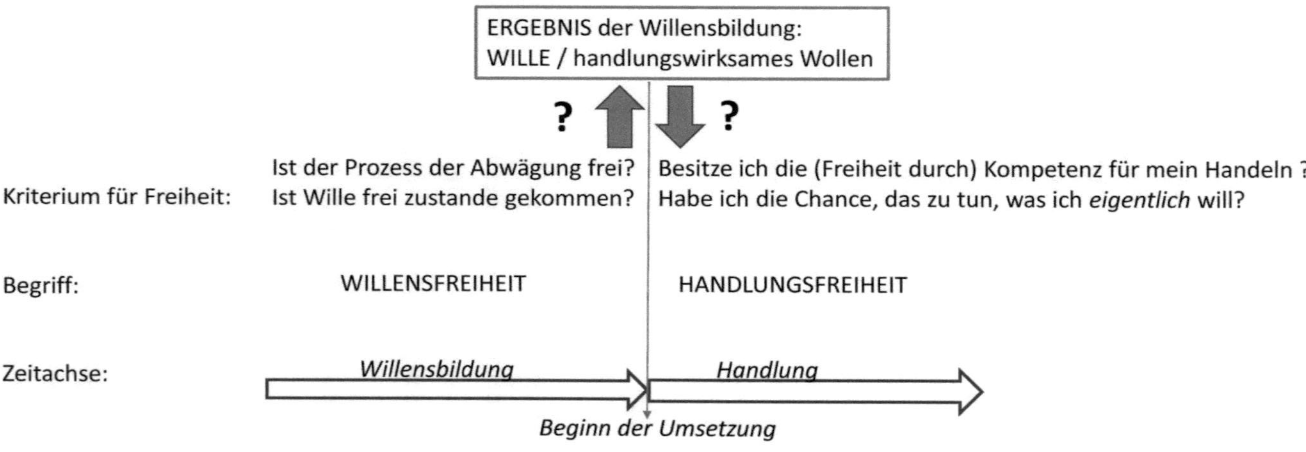

Abbildung 2: Abgrenzung zwischen Willensfreiheit und Handlungsfreiheit (schematisch)

teressen und Motiven zu folgen. Wenn durch äußere oder innere Umstände die gewollten Handlungen nicht durchgeführt werden können, ist die Handlungsfreiheit eingeschränkt."

Diese Begrifflichkeit wird ähnlich für diesen Essay übernommen, jedoch aufgrund der Erkenntnisse zu den Voraussetzungen der Handlungsfreiheit im Folgenden modifiziert:

Handlungsfreiheit liegt vor, wenn für einen Mensch unter den gegebenen inneren und äußeren Bedingungen seiner Lebenssituation die *Chance* besteht, seinen *eigenen* Willen ins Handeln umzusetzen.

- Je weniger innere und äußere Einschränkungen bestehen (Freiheit von Einschränkungen),
- je umfassender die mentale, physische, emotionale und moralische Kompetenz (Freiheit durch Kompetenz),
- je ausgeprägter die Selbstreflexion entwickelt (Freiheit durch Selbstreflexion),

desto größer ist die Chance, dass das handlungswirksame Wollen dem *eigenen* Willen zum Handeln entspricht. Der Freiheitsbegriff betrifft also das Ergebnis der Willensbildung: eine Prüfung des handlungswirksamen Wollens auf die daraus erwachsende Freiheit im Handeln. Der Mensch ist (graduell) unfrei, soweit sein *eigener* Wille wegen Einschränkungen, Kompetenzmangel, wenig entwickelter Selbstwahrnehmung geringe Chancen auf Umsetzung ins Handeln besitzt. Die Begriffe: „authentisches Wollen" und „eigener Wille" werden im Folgenden synonym verwendet.

Die veränderte Begrifflichkeit von Handlungsfreiheit gegenüber der Definition in Wikipedia wird in Abschnitt 3.7 und 3.15 erläutert.

2.4 Ist die Frage von Willensfreiheit verknüpft mit dem Determinismus?

Die Annahme einer fehlenden Willensfreiheit wird meist mit einem deterministischen Weltbild begründet. Die Koppelung von Weltbild und der Frage der Willensfreiheit ist so eng, dass sich Philosophen, die an den Determinismus glauben, gesondert rechtfertigen müssen, wenn sie trotzdem für Willensfreiheit argumentieren. Deshalb ist es erforderlich, den Begriff des Determinismus hier knapp vorzustellen:

„Der Determinismus behauptet, dass der gesamte Weltlauf ein für alle Mal alternativlos fixiert ist: Durch Naturgesetze und Anfangsbedingungen sind alle Weltzustände festgelegt, sodass es zu jedem Zeitpunkt genau eine mögliche Zukunft gibt", beschreibt Geert Keil[25] und verweist auf die ursprüngliche Formulierung von Pierre Simon de Laplace (1749–1827):

„Wir müssen also den gegenwärtigen Zustand des Weltalls als die Wirkung seines früheren und als die Ursache des folgenden Zustands betrachten. Eine Intelligenz, welche für einen gegebenen Augenblick alle in der Natur wirkenden Kräfte sowie die gegenseitige Lage der sie zusammensetzenden Elemente kennte, und überdies umfassend genug wäre, um diese gegebenen Größen der Analysis zu unterwerfen, würde in derselben Formel die Bewegungen der größten Himmelskörper wie des leichtesten Atoms umschließen; nichts würde ihr ungewiss sein und Zukunft wie Vergangenheit würden ihr offen vor Augen liegen."

Mit diesem sogenannten *laplaceschen Dämon* wird es schwer, dem Menschen eine Willensfreiheit zuzuordnen. Diese Verknüpfung von Determinismus und der Frage der Willens-

---

25 Geert Keil, Willensfreiheit und Determinismus, 2. Auflage; Ditzingen, 2009/2018

freiheit führt deshalb zu aufwändigen Rechtfertigungen derjenigen Philosophen, die trotz Determinismus an die Willensfreiheit glauben. Es ergeben sich spezifische Schulen des sogenannten

- *Kompatibilismus* (Determinismus existiert und zugleich ist der Wille dennoch frei; Vertreter z. B. Thomas Hobbes, John Locke, David Hume, Harry Frankfurt, Daniel C. Dennett, Michael Pauen, Ernst Tugendhat, Peter Bieri, Dietmar Hübner) und des
- *Inkompatibilismus* (Determinismus existiert und der Wille ist deshalb auch nicht frei; Vertreter z. B. Richard F. Rakos und Donald W. Viney), oder des
- *Libertarismus* (Determinismus existiert nicht und entsprechend ist der Wille auch nicht determiniert, sondern frei; Vertreter z. B. Roderick Chisholm, Robert Kane und Peter van Inwagen, Laura Ekstrom, Alfred Mele, Geert Keil; auch Immanuel Kant wird bisweilen dieser Gruppe zugeordnet).

Allerdings vertreten manche Philosophen auch die Auffassung, „wohlverstandene Freiheit sei unabhängig davon, ob unsere Welt deterministisch ist oder nicht"[26]. Diese Position wird z. B. von Peter F. Strawson eingenommen.

Schließlich ist in dieser unvollständigen Zusammenstellung noch die Sichtweise des *harten Inkompatibilismus* aufzulisten, nach der Willensfreiheit weder in einer deterministischen noch in einer indeterministischen Welt existiert. Vertreter sind z. B. Meghan Griffith, Derk Pereboom und Galen Strawson.

In den nächsten Abschnitten dieses Essays werde ich nicht detailliert auf diese Schulen zurückkommen. Ich spreche zwar

---

26 G. Keil, a.a.O., Seite 11

davon, dass der Mensch in seiner Willensbildung (situativ bei der zeitlichen Konkretisierung auf den Zeitpunkt der Entscheidung) determiniert sei, vertrete jedoch damit kein vollständig deterministisches Weltbild (Abschnitt 3.14). Eine ausführlichere Diskussion würde den Rahmen der Betrachtungen dieses Essays sprengen und scheint mir für eine praxisnahe Betrachtung der Thematik nicht erforderlich.

3 Die Konzeption: Frei ohne Willensfreiheit

Das hier vorgestellte Verständnis zur Willens- und Handlungsfreiheit und die Einbettung in damit verbundene Sichtweise auf andere Freiheiten, auf das Verständnis von „gut" und „böse", auf Schuld und Verantwortung und auf die Veränderung der Willensbildung durch das Lernen beansprucht nicht, eine absolute Wahrheit widerzuspiegeln. Zwar versuche ich, meine Sicht auf die *Wirklichkeit* der Willensfreiheit mit gedanklicher Logik zu begründen, bin mir aber bewusst, dass ontologische Aussagen grundsätzlich nicht bewiesen werden können. So können auch wissenschaftliche Ergebnisse der Hirnforschung nur partielle Aspekte der Willensfreiheit beleuchten und somit die Plausibilität einer (fehlenden) Willensfreiheit nahelegen, ihre Schlussfolgerungen jedoch nicht als allgemeingültige Wahrheit zur Willensfreiheit deklarieren. Insofern versuche ich nur, einerseits meine Sichtweise als plausibel zu verdeutlichen und andererseits ein Gedankengebäude vorzustellen,

- das dem Anspruch einer theoretischen Stimmigkeit genügt,
- das dem Anspruch einer Nützlichkeit in Bezug auf die praktische Lebensgestaltung Rechnung trägt, denn eine nur theoretische Stimmigkeit würde mir hier unbefriedigend erscheinen und
- das dem Klärungsbedarf zu häufigen (auch vorwissenschaftlichen) Fragen vieler Personen bezüglich der Willensfreiheit Rechnung trägt.

Die Einordnung in ein umfassendes theoretisch-philosophisches Gesamtgebäude, das zugleich etwa ein ausdifferenziertes Weltbild zu Fragen des Determinismus, des Leib-Seele-Problems, des „Selbst"-Verständnisses des Menschen und des Bewusstseins-Begriffs vorstellt und absichert, das zugleich umfassend die diesbezüglichen Erkenntnisse der Kognitionsforschung, der Handlungstheorie, der Erkenntnistheorie und z. B. der Psychologie abdeckt, liegt jenseits der Reichweite des Ansatzes. Wo mir diesbezüglich offensichtliche Fragen auftauchten, die die gewünschte „theoretische Stimmigkeit" in Frage gestellt hätten, wurden aber auch diese Aspekte aufgegriffen und eingeordnet.

Vorweg spiele ich mit der mythologischen Wahlsituation, in die der griechische Prinz Paris geworfen war, als er unter drei Göttinnen die schönste auswählen sollte und frage, wo bei solchen Wahlen Freiheit steckt und wo nicht (Abschnitt 3.1). Dann versuche ich, das Gedankengebäude „in einer Nussschale" aus philosophischer Sicht zusammenzufassen. Dabei nehme ich vorläufig einen relativ hohen Abstraktionsgrad und eine geringe Detaillierung in Kauf, um die Kernaussagen ins Zentrum zu rücken (Abschnitt 3.2). Erläuternde Detailanalysen zur Konzeption einschließlich der Abgrenzung gegenüber anderen Ansätzen folgen in späteren Abschnitten 3.3 bis 3.15. Abschnitt 3.16 betont nochmals die Charakteristika des vorgestellten Gebäudes, die mir besonders wichtig erscheinen.

3.1 Paris und der Aphrodite-Apfel – Die Themenstellung

Beim Thema Freiheit geht es um eine Wahlentscheidung, ebenso wie im Mythos von griechischen Prinz Paris und den Göttinnen Athene, Aphrodite und Hera. Der aus seiner Sicht Schönsten unter ihnen sollte Paris einen goldenen Apfel überreichen.

Ist diese Wahl des Paris frei und um welche Freiheit geht es dabei? Ich versuche, mit diesem Beispiel die Themenstellung dieses Essay zur Frage „Frei ohne Willensfreiheit" zu verdeutlichen.

Dazu manipuliere ich das Entscheidungsszenario etwas, um es genauer auf diese Themenstellung anzupassen und um verfängliche Fragen zum männlichen Frauenbild bei weiblicher Schönheit nicht ins Zentrum zu rücken: Im Folgenden geht es deshalb um Paris' Wahl einer Apfel-Sorte auf einem Wochenmarkt, darunter die angeblich schmackhafteste Sorte: der Aphrodite-Apfel. Und es gibt drei verschiedene Szenarien, bei denen Paris eine Wahl treffen muss. Paris hatte extra das neueste Heft einer Warentestzeitschrift zu Apfelsorten zu seinem Einkauf mitgenommen. Er wird im Anschluss an seine Wahl nicht nur nach seinen Gründen gefragt, sondern er kommentiert auch unsere philosophische Fragen nach der Willensfreiheit und/oder nach der Handlungsfreiheit bei dieser Wahl.

Szenario 1: Es gibt nur 1 Apfelsorte am Marktstand, den Aphrodite-Apfel!

Paris: Ich wählte den Aphrodite-Apfel. Was sonst? So kaufte ich zwar die Äpfel, was meinem Willen entsprach (und auch noch eine schmackhafte Apfelsorte!), aber frei war meine Abwägung bei dieser Wahl nicht, ich hatte also *keine Willensfreiheit,* keine Freiheit beim Prozess der Willensbildung. Die einzige Alternative, nämlich keine Äpfel zu kaufen, hätte meinem Wollen widersprochen. Jedoch: Grundsätzlich wäre auch das Unterlassen des Kaufs eine Handlungsoption gewesen, also hatte ich durchaus die sehr begrenzte Wahlmöglichkeit, bei der die Entscheidung resultierte: „Lieber Aphrodite-Apfel kaufen statt Kaufverzicht". Damit war meine Entscheidung (mein handlungswirksames Wollen) meinem authentischen Wollen sicher näher als bei der Option, unverrichteter Dinge nach Hause zu gehen. Das bedeutet eine gewisse, allerdings nur sehr *geringe Handlungsfreiheit.*

Szenario 2: Es gibt fünf Apfelsorten am Marktstand, auch den Aphrodite-Apfel und die Test-Sieger-Apfelsorte Athene!

Paris: Ich wählte die Test-Sieger-Sorte Athene. Es standen mir einige Sorten zur Verfügung – zwei Sorten fielen für mich als Kaufoption weg, weil diese in der Testzeitschrift nicht genannt waren. Die Apfelsorte Athene hat zwar keine Bioqualität, liegt auch geschmacklich angeblich nur an zweiter Stelle nach dem Aphrodite-Apfel – die Sorte ist aber aus der Region, der haptische Eindruck (sehen, fühlen, tasten) stimmt und Apfelsorte Athene ist preislich relativ günstig. Das Test-Urteil war für mich maßgeblich für meine Entscheidung (mein handlungswirksames Wollen). Meine Entscheidung erfolgte also bewusst mit einem vernünftigen Entscheidungsmaßstab. Dennoch war der Entscheidungsprozess nicht frei: eigentlich „soll man" ja aus gesundheitlichen und ökologischen Gründen Bioäpfel kaufen; auch hat mich der Aphrodite-Apfel am meisten angelacht (schon wegen seines Namens), aber ich war offensichtlich in dieser Situation nicht in der Lage, einen anderen Maßstab für meine Kaufentscheidung zu wählen als den Maßstab der Zeitungstester (*keine Willensfreiheit*). Nur wenn ich stattdessen zwischen der Prioritätssetzung nach berichtetem Geschmackstestergebnis oder Priorität nach ökologischem Wert oder Priorität nach Preis hätte innerlich *frei* auswählen können, wäre dadurch Willensfreiheit gegeben gewesen. Aber diese Freiheit bei der Willensbildung besitzt der Mensch nicht. Wie auch immer: ich hatte die Wahl und selbst, wenn mein Wahlprozess nicht frei war, hatte ich doch die bessere Chance, mich für eine Apfelsorte im Kauf zu entscheiden, die meinem authentischen Wollen entspricht:

immerhin hatte ich eine größere Auswahl und konnte reflektiert eine qualifiziertere Wahl treffen als in Szenario 1: ich besaß eine *erweiterte Handlungsfreiheit* (gegenüber Szenario 1).

Szenario 3: Wie Szenario 2, jedoch 1 Woche später nach einem Probiertest aller fünf Apfelsorten

Paris: Ich wählte den Aphrodite-Apfel. Dabei hatte die *Erfahrung durch das Probieren* gegenüber dem vorherigen Einkauf (Szenario 2) entscheidende Bedeutung! Der Athene-Apfel hat nicht die Art von Süße, die ich mag, während ich beim Genuss des Aphrodite-Apfels einfach nur „hin und weg" bin, sei das, weil ich an das Botticelli-Bild „die Wahl des Paris" denken muss, wenn ich diese Apfelsorte esse oder weil ich den gleichen Geschmack habe, wie die Test-Zeitschrift-Verkoster. Den höheren Preis habe ich dafür entspannt in Kauf genommen. Noch immer ist natürlich der Wahlprozess nicht frei, denn ich hätte nach diesen Erfahrungen sicher nicht wieder den Maßstab der Zeitschrift übernehmen wollen, also den Athene-Apfel wie in Szenario 2 wieder kaufen wollen. Und für den einzigen Bioapfel in dem Sortiment, die Sorte Hera, wollte ich mich auch nicht entscheiden, weil der so „verhutzelt" aussieht. Also war ich auch deshalb nicht frei, weil ich mein genießerisches Geschmackserlebnis eindeutig nicht hätte tauschen wollen gegenüber der Wahrnehmung, einen sehr gesunden Hera-Bioapfel zu kaufen. Andere Personen mit anderen Prägungen hätten womöglich anders entschieden. Mein Lernen durch die Kostprobe führte zu einem Maßstabwechsel. Da ich einen Apfel kaufte, der meinem Traum („der meinigen Apfelsorte") sehr nahe kommt, hätte ich mich nicht ohne Zwang *nach anderen Maßstäben entscheiden* können. Das Ergebnis des Willensbildungsprozesses war zwar in diesem Sinne weiterhin unfrei (*keine Willensfreiheit*), hatte aber bessere Qualität als der unfreie Willensbildungsprozess im Szenario 2, da die persönliche Erfahrung durch das Verkosten eine Wahl ermöglichte, die deutlich näher an meinem authentischen Wollen dran war. Solange wir nicht den Maßstab für unsere Abwägung frei wechseln können, bleibt aber unser Willensbildungsprozess *grundsätzlich* (!) unfrei. Wie auch immer: ich hatte die Wahl, und obwohl ich bei diesem Wahlprozess nicht frei war, hatte ich mit meiner Entscheidung die ziemlich große Chance, eine Apfelsorte zu kaufen, die meinem authentischen Wollen entspricht – ich besaß *ein hohes Maß an Handlungsfreiheit*! Auch gegenüber Szenario 1 fühle ich mich jetzt mit diesem Kauf des Aphrodite-Apfels noch freier, denn in Szenario 1 hatte ich ja kaum eine Wahl, war also in meinen Handlungsmöglichkeiten erheblich eingeschränkt, und jetzt hat meine größere Erfahrung durch ein wenig Verkoster-Kompetenz und meine Selbstwahrnehmung („Mein Hinschmecken") mein Vorurteil pro Aphrodite nochmals bestätigt: DAS IST *MEIN* APFEL!

Übrigens: Paris hat sich im Anschluss an diese Apfelwahl einem Interview durch einen interessierten fragenden Laien (IFL) gestellt, in dem nochmals wichtige Einsichten in sein Verständnis von Freiheit gegeben werden (Abschnitt 3.6).

3.2 Das Konzept in einer Nussschale

Zur Befriedigung seiner Bedürfnisse (wie unter anderem dem Bedürfnis nach Nahrung, Fortpflanzung oder z. B. gesellschaftlicher Anerkennung) spielt beim Menschen die bewusstseinsbegleitete Willensbildung eine zentrale Rolle. Mit Hilfe des Bewusstseins erkennen wir Handlungsoptionen, die uns dafür zur Verfügung stehen und können bisweilen kreativ zusätzliche Optionen entwickeln. Dazu kommt die ausgeprägte Fähigkeit des Menschen zu lernen, also weitere, z. B. physische, mentale, emotionale und moralische Kompetenz zu entwickeln. Solche dazugewonnene persönliche Kompetenz und deren Wahrnehmung führt zu weiteren Handlungsoptionen.

Unser Bewusstsein dient uns auch als Instrument, um zwischen diesen (bisweilen) zahlreichen Handlungsoptionen abzuwägen, um sich schließlich für *eine* der Optionen zu entscheiden – das *handlungswirksame Wollen* herbeizuführen. Unser ausgeprägtes Bewusstsein beinhaltet dabei einen eindrucksvollen qualitativen Fortschritt gegenüber anderen Lebewesen. Allerdings bietet das Bewusstsein uns Menschen ein Abwägungsinstrument, das wir mit dem begrenzten menschlichen Geist nur mangelhaft verstehen und häufig missverstehen:

- Wir glauben in der Regel, dass wir über das Bewusstsein unsere Entscheidungen in Eigenregie steuern können – tatsächlich entscheidet aber auch das Unterbewusste und das Unbewusste bei diesen Abwägungen in nicht kontrollierbarem Umfang mit.
- Die Wahrnehmung unserer Kompetenzen durch unser Bewusstsein ist grundsätzlich verzerrt und beeinflusst auch auf diese Weise die Abwägungen zwischen den Handlungsoptionen.
- Die Auswahl und Skalierung der Maßstäbe, nach denen wir (bewusste) Priorisierungen bei der Willensbildung vornehmen, ist durch Prägung vorgegeben. Insbesondere können wir nicht frei entscheiden, welche moralische Werte wir erlernen und verinnerlichen und welche Wichtigkeit diese für uns besitzen, so dass diese Werte bewusst und unbewusst in nicht kontrollierbarer Weise die Abwägungen bei der Willensbildung beeinflussen. Ähnlich gilt dies für andere Maßstäbe bei der abwägenden Willensbildung (z.B. die Wichtigkeit oder Unwichtigkeit ökonomischer Kriterien oder emotionaler Kriterien).

- Lernen führt aber auch zu einer Kompetenzerweiterung im Bewusstsein: wir können durch unsere Erfahrung im Laufe des Lebens qualifiziertere Entscheidungen bei der Willensbildung bei uns beobachten, (a) weil wir uns selbst besser kennenlernen, (b) weil wir die Maßstäbe aus frühkindlicher Prägung auf die Dauer aktualisieren und in vielen Fällen verbessern können, und (c) weil wir so in der Regel zwischen für uns geeigneteren Handlungsoptionen und ungeeigneten Handlungsoptionen unterscheiden und die verbleibenden geeigneteren Optionen „in erwachsenerer Art" (oder „reifer") bewerten können.

Es ergibt sich eine kategorische Aussage: dem Menschen ist es nicht gegeben, zwischen verschiedenen Maßstäben und Gewichtungen bei der Priorisierung von Handlungsoptionen im Zuge der abwägenden Willensbildung frei zu wählen, folglich gibt es keine Willensfreiheit.

Wenn die Unfreiheit bei der Willensbildung prinzipieller Natur ist, dann kann es auch nicht ein begrenztes Ausmaß an Willensfreiheit geben oder einen „gewissen Spielraum für Willensfreiheit", der in der Folge etwa ausreichen würde, um in freier Selbstbestimmung in einer Situation statt der Option A die Option B zu wählen.

Diese Unfreiheit bei der priorisierenden Abwägung zwischen Handlungsoptionen hat zur Folge, dass „das Vermögen, sich unter gegebenen Umständen so oder anders zu entscheiden" (die sogenannte *Alternativität* als ein Kennzeichen des freien Willens) nicht existiert. Arthur Schopenhauer urteilt konsequent im Sinne dieser Erkenntnis: „… du kannst in jedem gegebenen Augenblick deines Lebens nur ein Bestimmtes wollen und schlechterdings nichts anderes als dieses eine."[27]

---

27 Arthur Schopenhauer, Preisschrift über die Freiheit des Willens; Felix Meiner Verlag, Hamburg (1978)

Trotz grundsätzlich fehlender Willensfreiheit haben wir die Chance, im Zuge unserer persönlichen Entwicklung im Leben zunehmend qualifiziertere Abwägungen bei der Willensbildung vorzunehmen. Das Qualitätskriterium ist dabei das Ausmaß der Kongruenz zwischen *handlungswirksamem Wollen* (also dem Ergebnis der Willensbildung) und dem jeweiligen *authentischen* Wollen. Der Maßstab zur Erfassung dieser Kongruenz bei der abwägenden Willensbildung basiert auf der Kompetenz zur *Selbstreflexion* – eine Fähigkeit, die wir vielleicht über Lebenserfahrung erlangen können; es steht jedoch außerhalb der Macht des Menschen, diese Fähigkeit der Selbstreflexion in kleinerem oder größeren Ausmaß in einer Entscheidungssituation verfügbar zu haben und bei der abwägenden Willensbildung abzurufen.

Hier erwächst eine andere Art von Freiheit: wir sind umso freier, je mehr die Chance besteht, dass unsere (unfrei herbeigeführte) Entscheidung bei der Willensbildung unserem authentischen Wollen entspricht. Die größere Chance zum Handeln nach dem *eigenen* Willen bedeutet freieres Handeln – *Handlungsfreiheit*.

Der häufig beobachtete Glaube an eine Alternativität (also: das Vermögen, unter gegebenen Bedingungen so oder anders zu entscheiden zu können) als Begründung für eine vermeintliche Willensfreiheit stellt sich nach diesen Ausführungen als *Illusion* dar. Unser Handeln und Fühlen basiert häufiger auf Illusionen, ohne dass das zu kritisieren oder in jedem Fall zu ändern wäre – es gehört zum Wesen des Menschen!

Psychologisch besteht die Gefahr, dass die Einsicht in den illusionären Charakter der Willensfreiheit zu einer *Desillusionierung* führt, dass also die Motivation, der erforderliche Antrieb zum Lernen verloren geht. Aus diesem Grunde ist es von zentraler Bedeutung, dass in der Konzeption dieses Essays ein vollständigeres Bild des Menschen zeichnet: die fehlende Willensfreiheit wird durch die motivierende Handlungsfreiheit (mit einem erweiterten Freiheitsverständnis gegenüber bisheriger Definition von Handlungsfreiheit) ergänzt. Durch Lernen (Kompetenzerweiterung, Bewusstseinserweiterung und Erweiterung der Selbstreflexion) erhöht der Mensch seine Chance für authentischeres Handeln; so vergrößert er seine Freiheit im Handeln!

Auch wenn der Mensch in einer Situation nicht anders handeln kann als er handelt, bedeutet dies trotzdem, dass ihm die Folgen seines Handelns zugerechnet werden können: fehlende Willensfreiheit und *Verantwortlichkeit* für das Handeln widersprechen sich nicht.

Fehlende Willensfreiheit wird in der philosophischen Diskussion gerne als Konsequenz eines deterministischen und naturalistischen Denkens eingeordnet. Das in diesem Essay vertretene Verständnis von Freiheit löst sich jedoch von diesen Denkschulen des Determinismus und Naturalismus.

Die folgende schematische Darstellung (Abbildung 3) fasst den Ablauf der Willensbildung unter Berücksichtigung vorliegender Kompetenzen und Bedingtheiten in den Prozess des Lernens und der persönlichen Weiterentwicklung zusammen.

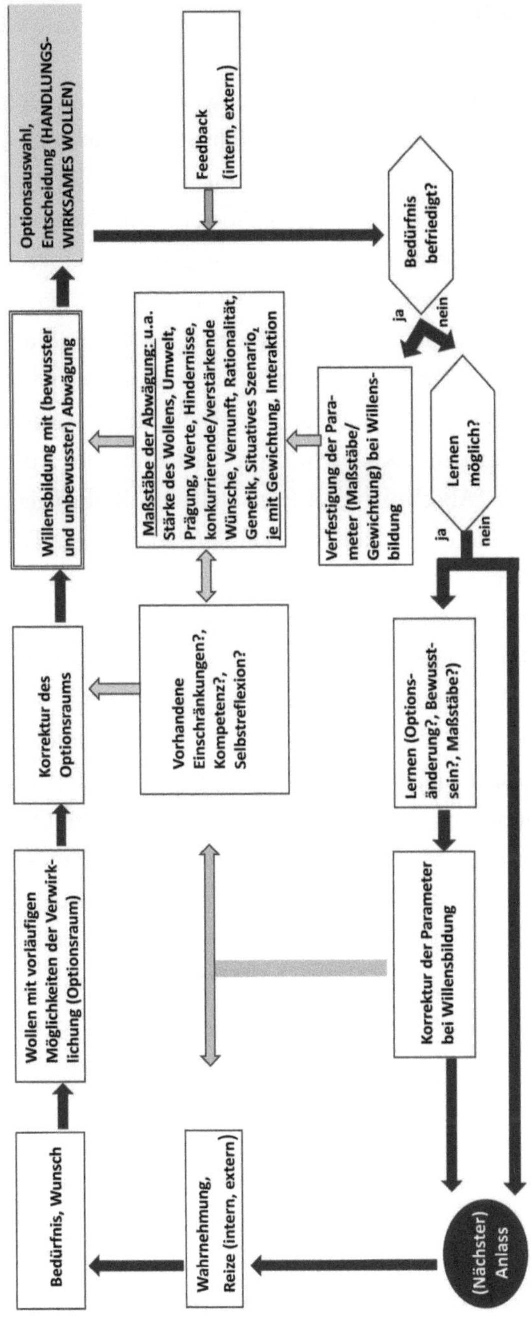

Abbildung 3: Einbettung der Willensbildung unter Berücksichtigung vorliegender Kompetenzen und Bedingtheiten in den Prozess des Lernens und der persönlichen Weiterentwicklung

3.3 Optionsräume

„Mit Hilfe des Bewusstseins in Verbindung mit der Kompetenzentwicklung durch unsere Lebenserfahrung erkennen wir *Handlungsoptionen*, die für die abwägende Willensbildung zur Verfügung stehen", so lautete die erste Aussage zum Konzept in der Nussschale (Abschnitt 3.2). Solche Handlungsoptionen lassen sich als *Optionsraum* beschreiben. Diesen Aspekt der Willensbildung durch Vorliegen und Veränderung von Handlungsoptionen in einem Optionsraum möchte ich im Folgenden erläutern und anhand der schematischen Abbildung 4 vertiefen!

Kehren wir dazu zur Geschichte von Paris und dem Aphrodite-Apfel zurück (Abschnitt 3.1): Paris will sein Bedürfnis, leckere Äpfel für seinen Haushalt einzukaufen, befriedigen. Dabei hat er vielleicht bereits beim Aufbruch zum Marktstand erste spontane Vorstellungen von möglichen Apfelsorten, die ihm einfallen. Vorläufige unreflektierte Optionen (Sorte 1, 2, 3 …), die spontan bei Beginn der Willensbildung auftreten (○ – leere Kreise in Abbildung), werden zunächst noch keiner Abwägung unterzogen. Entsprechend ist der ursprüngliche Optionsraum noch sehr unspezifisch. Es handelt sich um ungeprüfte Optionen, die auf dieser Stufe noch nicht den Charakter eines handlungswirksamen Wollens haben, eher eines reflexartigen Wunsches auf Äpfel (vielleicht durch eine TV-Werbung o.ä. ausgelöst). Das Bewusstsein spielt noch keine relevante Rolle.

Ein Willensbildungsprozess beinhaltet dann jedoch die Aktivierung des Bewusstseins. In der Folge werden also sowohl neue Optionen mittels Bewusstsein wahrgenommen (● – grau gefüllte Kreise in Abbildung), wie auch einige der ursprünglichen Optionen (Sorte 1, 2, 3 …) bewusst oder unbewusst verworfen (⊗ – durchgekreuzte leere Kreise in Abbildung). Das Bewusstsein wird in diesem Falle durch die Wahrnehmung verfügbarer Apfelsorten auf dem Markt geprägt, andererseits im

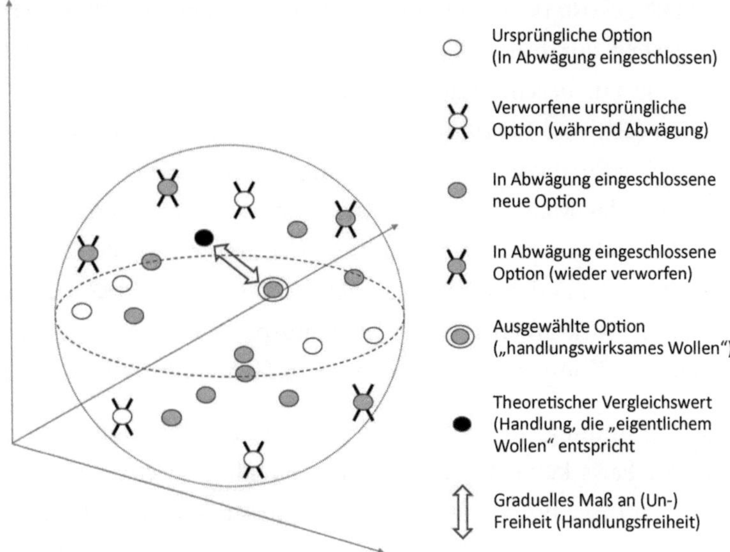

Abbildung 4: Schematische Darstellung des Optionsraums bei der Willensbildung (Erläuterung: siehe Text)

Falle von Paris auch durch seine Informiertheit: Paris hat sich das Heft der Testzeitschrift zu Apfelsorten mitgenommen, das eine qualifizierte Auswahl ermöglichen soll. In Szenario 1 schrumpft der Optionsraum auf 2 Optionen (◉): Aphrodite-Apfel kaufen oder keine Äpfel kaufen. In Szenario 2 schließt Paris von vornherein die Apfelsorten aus, die in der Testzeitschrift nicht besprochen sind (ⵝ), so dass noch 3 verfügbare Sorten als Handlungsoptionen auf dem Marktstand zur Verfügung stehen (●). Da Paris sich in diesem Szenario 2 situativ innerlich festgelegt hat, den Maßstab der Testzeitschrift sich zu eigen zu machen, verwirft er den Aphrodite-Apfel und den Hera-Apfel als Kaufoptionen (ⵝ) und wählt den Testsieger: den Athene-Apfel (◉). Aufgrund seiner beschränkten Kompetenz – Paris hatte ja bei seiner Willensbildung keine einzige der Sorten wirklich gekostet! – ist seine Auswahl nicht besonders reflektiert (dargestellt durch den Abstandspfeil in Abbildung 4): es ergibt sich eine nur beschränkte Kongruenz zwischen authentischem Wollen (●) und handlungswirksamem Wollen (◎). In Szenario 3 schließlich kommt die Erfahrung des Verkostens hinzu, so dass sich der Maßstab für die Abwägung verändert. Jetzt wird der Aphrodite-Apfel zum handlungswirksamen Wollen (◎) und der Abstand zwischen authentischem Wollen (●) und handlungswirksamem Wollen (Abstandspfeil) wird kürzer: die zusätzliche Kompetenz ermöglicht mehr Handlungsfreiheit.

Die Begründung, weshalb bei dieser Wahl in allen drei Szenarien für Paris keine Willensfreiheit bestand, wird etwas später (Abschnitt 3.4) nochmals erläutert. An dieser Stelle ist zunächst zu verdeutlichen, welche Rolle der sich verändernde Optionsraum bei der Willensbildung spielt:

- Das Bewusstsein führt für die hier betrachtete Person zu einem zusätzlichen Maß an Freiheit: weitaus mehr wahrgenommene Optionen stehen zur Wahl als bei einer spontanen reflexartigen Entscheidung beim ersten Wunsch (z. B. in Reaktion auf die Apfelwerbung). Hier handelt es sich um eine Freiheit durch mentale Kompetenz in Verbindung mit Bewusstsein (Nachdenken: „Was gäbe es für mich an zusätzlichen Optionen nach meiner Kenntnis von Apfelsorten?"; „Was sagt die Testzeitschrift?"; „Was ist im konkreten Angebot auf dem Marktstand an weiteren Apfelsorten vorhanden?")
- Das Bedürfnis, eine gewisse Wahlmöglichkeit (also einen relevanten Optionsraum!) zur Verfügung zu haben, ist naturgegeben (vgl. Abschnitt 3.10; Szenario 1 in Abschnitt 3.1 ist insofern für Paris unbefriedigend).
- Der Optionsraum kann deshalb reduziert sein, weil äußere Einschränkungen vorliegen, also keine völlige Freiheit von

Einschränkungen vorliegt. Wenn z. B. nur 5 Apfelsorten am Marktstand sind, kann eine begehrte sechste Apfelsorte nicht gewählt werden. Das Fehlen von Einschränkungen, angemessene Kompetenz und bewusste Wahrnehmung sind somit Voraussetzungen, damit bestimmte Optionen bei der Willensbildung Gegenstand einer bewusstseinsbegleiteten Abwägung und Entscheidung werden können.

- Der Optionsraum garantiert nicht, dass alle maßgeblichen Optionen bei der Abwägung gesehen werden (in Szenario 2 klammert Paris die nicht getesteten Apfel-Sorten aufgrund seines beschränkten Blickwinkels nach Testzeitschrift aus, obwohl die vielleicht für ihn eine sehr geeignete Wahl hätten sein können). Wenn jedoch möglicherweise entscheidende Option nicht mitgedacht wird, ist die Abwägung auch deshalb nicht frei, wenn sie unbewusst bestimmte Optionen ausklammert.

- Es soll schließlich entschieden werden: also bleibt bei der Abwägung nur eine (1) Option übrig, die schließlich zum handlungswirksamen Wollen wird. Wenn nicht gerade der wenig spannende Ambivalenzfall (mehrere als identisch gut befundene Optionen) betrachtet wird, bedeutet die Options-wahl eine eindeutige Festlegung auf eine der diskreten Optionen (einschließlich der hier verworfenen Option des Unterlassens, d. h. im Beispiel, der Option, ohne Apfelkauf nach Hause zu gehen). Eine Alternativität („Das Vermögen, sich unter gegebenen Umständen so oder anders zu ent-scheiden“) ist mit Abschluss der Willensbildung nicht mehr gegeben. Für diese Entscheidung bleibt es dann irrelevant, wie gut die anderen – bei der Abwägung verworfenen – Optionen mit dem authentischen Wollen (graduell) über-eingestimmt hätten (symbolisiert mit der Länge des Ab-standpfeils in Abbildung 4; vgl. auch Abschnitt 3.9: Qualität der unfreien Willensbildung).

- In Bezug auf die Handlungsfreiheit interessiert jedoch diese nähere Charakterisierung der „grau gefüllten Doppelkreis-Option" (des handlungswirksamen Wollens) im Vergleich zu einem theoretisch benennbaren „authentischen Wollen", denn daraus kann der Willensbildende für das nächste Mal vielleicht lernen. Hier ist der Abstand durch einen Doppelpfeil in Abbildung 4 symbolisiert. Wenn die Entscheidung für den Athene-Apfel nicht stimmig war, soll dies im Begriff einer eingeschränkten Handlungsfreiheit (graduell eingeschränkte Freiheit) beschrieben werden können (vgl. Abschnitt 3.7).

- Die Auswahl dieser 1 Option im vieldimensionalen Optionsraum ist nicht nur deshalb nicht frei, weil bestimmte Optionen vielleicht nicht wahrgenommen wurden oder über unbewusste Mechanismen ausgeklammert wurden – sie ist auch deshalb nicht frei, weil der Abwägungsprozess selbst unfrei ist: das heißt, dass die Auswahl der grau gefüllten Doppelkreis-Option sich als unfrei erweist (vgl. Abschnitt 3.4).

3.4 Unfreie Abwägung

„Unser Bewusstsein dient uns auch als Instrument, um zwischen diesen (bisweilen) zahlreichen Handlungsoptionen abzuwägen, um sich schließlich für *eine* der Optionen zu entscheiden – das *handlungswirksame Wollen* herbeizuführen.", heißt es in „das Konzept in einer Nussschale" (Abschnitt 3.2). Es ist im Folgenden näher zu erläutern, warum diese Abwägung *grundsätzlich* unfrei verläuft.

Menschen sind nicht frei im Sinne der Definition der Willensfreiheit (Abschnitt 2.3), weil es sich bei der Willensbildung unter gegebenen situativen Umständen der freien Entscheidung der Person entzieht,

- was ihr Wollen ist, wie stark dieses Wollen ausgeprägt ist und ob sowie welche Optionen als potenzielle Alternativen von ihr wahrgenommen werden (vgl. Optionsraum, Abschnitt 3.3),
- ob ihr unmittelbares (spontanes) Wollen im Zuge des Abwägungsprozesses modifizierbar /suspendierbar ist oder nicht,
- ob Gebrauch von der grundsätzlich verfügbaren Möglichkeit zur Impulskontrolle gemacht wird oder nicht,
- welche Maßstäbe der Abwägung in welcher Vollständigkeit bei der Willensbildung bewusst wahrgenommen und bewusst in welchem Ausmaß (welcher relativen Gewichtung) berücksichtigt werden,
- welche Maßstäbe der Abwägung in welcher Vollständigkeit bei der Willensbildung unbewusst wahrgenommen und unbewusst in welchem Ausmaß (welcher relativen Gewichtung) eingehen,
- welche potenziell „fremdbestimmten" Einflüsse als solche erkannt und als unfrei machende Parameter eingeordnet werden,
- welche kurzfristig attraktiven Optionen mit welcher Gewichtung und in welchem Ausmaß in Konkurrenz zum langfristig Gewollten treten,
- wie und in welchem Ausmaß unbewusste und bewusste Parameter und Motive sich in der Priorisierung und Gewichtung gegenseitig beeinflussen („integrale multidimensionale Abwägung") und inwieweit Verzerrungen des Bewussten durch das Unbewusste wahrgenommen werden.

Die Willensbildung beinhaltet eine integrale mehrdimensionale Abwägung. Die Mehrdimensionalität des Abwägungsprozesses ist durch viele einwirkende innere und äußere Faktoren gekennzeichnet, die den Prozess der Willensbildung situativ determinieren. Es spielen dabei u.a. Prägung durch Elternhaus und Schule, kulturelle Wertewelt oder Wertewelt der Identifikationsgruppe, religiöse Erfahrungen, Ängste und Hemmungen, Bequemlichkeit, Grundbedürfnisse nach Autonomie und Zugehörigkeit, Sehnsucht und Lust, fachliche Kompetenz und Fitness, Vernunftausprägung, individuell zugeordnete Bedeutung von Rationalität im Abwägungsprozess, situative Grundstimmung und zahlreiche Umweltbedingungen bis hin zur Qualität des letzten Mittagessens und das Wetter während des Willensbildungsprozesses eine Rolle.

Stellen wir uns die Abwägung als einen Vergleich von Handlungsoptionen mithilfe einer Balkenwaage vor, die nach der schwereren Seite hin absinkt, wenn eine Handlungsoption gegenüber einer alternativen Option den Vorzug erhält, mit dem Willensbildenden als Wiegemeister: Von einer Waage können die Gesamtgewichte von Optionen mit vom Wiegemeister angegebenen Einzelgewichten der Für- und Wider-Argumente vergleichend abgelesen werden. Diese Abwägung erfolgt jedoch nicht durch einen unabhängigen „Wiegemeister", sondern durch einen in seinem Bewusstsein notwendigerweise *befangenen* Menschen! Der Wiegemeister legt, ohne dass er das bewusst wollte oder ändern könnte, Argumente mit vom Unbewussten und Unterbewussten manipuliertem Gewicht in die Waagschale, damit am Ende diejenige Waagschale sinkt, die der Wiegemeister sinken sehen möchte. Unser Bewusstsein ist nicht isoliert und unabhängig von unserer Genetik, Prägung, Emotionalität, physiologischen und mentalen Verfassung beschreibbar, die die Gewichtung und die Auswahl der Argumente in nicht kontrollierbarer Weise beeinflussen.

Auch bewusste *Rationalität* und *Vernunft* sind nicht unabhängig von unbewussten Einflussfaktoren. Rationalität beinhaltet zwar universell gültige logische Aussagen, begrenzt jedoch die Logik auf ein jeweils willkürlich geltendes Systemverständnis: z. B. die Grenzen der Algebra. Je nach Sicht auf das Leben bzw. kulturellem Verständnis erweitern oder verengen sich jedoch bei der Willensbildung die Grenzen des betrachteten Systems und verändern damit die Konsequenz aus den Antworten, die die Ratio in den Abwägungen liefert. Es ergeben sich verschiedene Rationalitäten und gravierende Unterschiede, welches Gewicht der Maßstab der Rationalität gegenüber anderen relevanten Maßstäben bei der Gesamtbewertung spielt. Nach der neueren Literatur ist bekannt, dass Vernunft regelmäßig verzerrt ist von dem, was unser Unterbewusstes und Unbewusstes nicht kontrollierbar in die Vernunft einspielen.[28]

Der Psychologe und Hirnforscher Hans-Georg Häusel schätzt, dass mehr als 70 Prozent unserer Entscheidungen unbewusst fallen. Andere Studien gehen sogar von 90 bis 98 Prozent aus. „Somit teilen sich das Bewusste und das Unterbewusstsein die restlichen 2 bis 10 Prozent".[29] Auch der Hirnforscher und Philosoph Gerhard Roth ordnete die Bedeutung des Bewusstseins ein: „Ich erlebe mich selbst als denkend, fühlend, wahrnehmend oder entscheidend, und nehme die 90 Prozent, die mich dazu bringen, nicht wahr".[30] Dieser Prozentsatz ist natürlich sehr schwankend, je nach Charakteristik der Abwägungssituation: bei Willensbildungen zu „neuen" Themen wird der Prozentsatz des Bewussten deutlich größer sein als bei Routine-

---

28 Z. B. Philip Sterzer, Die Illusion der Vernunft: Warum wir von unseren Überzeugungen nicht zu überzeugt sein sollten | Neuestes aus Hirnforschung und Psychologie; Ullstein, 2022

29 https://sgbs.ch/publication/die-relevanz-sozialer-verantwortung-in-unternehmenskulturen-im-kontext-der-gesellschaftlichen-werteentwicklung; besucht: 1.4.2024

30 Roth, G. (2002): 90 Prozent sind unbewusst. In: Psychologie heute, H. 2, S. 44–49, zitiert nach: https://www.die-bonn.de/doks/lemke0301.pdf; die quantitativen Angaben („90% unbewusst") sind offensichtlich unsicher, jedoch in der Größenordnung bestätigt: vgl. Abschnitt 3.8

entscheidungen. Es kommt auch nicht auf den Prozentsatz an – sondern auf den grundsätzlich unabänderlichen Einfluss des Unterbewussten und Unbewussten auf die Steuerung des Prozesses.

So gibt es zum Beispiel durch die Farbwahrnehmung im Unterbewusstsein eine Auslösung von Reizen, die die Erlebnisqualität einer Situation verändern und sich somit auf den Prozess einer Abwägung bei der Willensbildung auswirken kann[31], ohne dass dies über die Ebene des Bewusstseins angemessen berücksichtigt und kontrolliert werden kann.

Häusel führt weiter aus:

- Einen Verlust bewertet unser Gehirn doppelt so stark wie einen Gewinn
- Konkrete und plastische Gefahren haben für unser Gehirn eine weit höhere Bedeutung als abstrakte
- Unser Gehirn reagiert auf Ereignisse, die in nächster Zeit stattfinden, viel stärker als auf solche, die sich in einem, fünf oder gar zwanzig Jahren ereignen können.[32]

Erkenntnisse wie diese gibt es zuhauf: So geben etwa Verkäufer bei Vertragsabschlüssen weniger Preisnachlass, wenn sie auf einem harten Stuhl sitzen. Andere trinken sofort mehr, sobald sie Begriffe rund um Durst, Wasser oder Erfrischung lesen.[33] Das gleiche Phänomen kennen wir aus dem Alltag, wenn wir etwa an einer duftenden Bäckerei vorübergehen und uns plötzlich einfällt, dass wir noch die Zutaten für einen Geburtstagskuchen besorgen wollten. Das Unbewusste bahnt auf diese Weise unserem Handeln den Weg.[34]

---

31 Vgl. Stichwort: Qualia; z. B. https://www.spektrum.de/lexikon/neurowissenschaft/qualia/10638, besucht 26.3.2024

32 Kerstin Bund, „Aber ich hänge doch so an ihr", Gespräch mit Hans-Georg Häusel, Süddeutsche Zeitung, 24./25.6.2023

33 https://karrierebibel.de/denkfehler/; besucht 10.6.2024

Forschende des Centers for Learning, Memory and Cognition (CCLM) der Universität Bern konnten zeigen, dass unbewusst erlebte Situationen auch unbewusst analysiert, miteinander verglichen und abgespeichert werden – genauso wie dies von bewusst erlebten Situationen bekannt ist. Dieses unbewusst erworbene Wissen kann später in ähnlichen, aber bewusst erlebten Situationen wieder hervorgeholt werden und beeinflusst das bewusste Entscheidungsverhalten ebenso wie bewusstes Wissen.[35]

Inzwischen ist deutlich geworden, dass eine Überhöhung der Rolle des Bewusstseins, einschließlich des *Selbst-Bewusstseins*, beim Verständnis des Willensbildungsprozesses des Menschen stattfindet:

„Anders als Freud postulierte, strebt [nach dem südafrikanischen Hirnforscher und Neuropsychoanalytiker Mark Solms] unser Geist nicht nach immer mehr Bewusstsein, sondern versucht im Gegenteil, es zu verhindern. ‚Am liebsten wäre es dem Gehirn, wenn gar nichts Unerwartetes passiert. Totale Gleichförmigkeit ist dem Überleben viel dienlicher als das Energie und Zeit raubende Bewusstsein‘, erklärt Solms“, berichtet der Psychologe und Wissenschaftsjournalist Steve Ayan in Spektrum der Wissenschaft.[36]

Und weiter schlussfolgert Ayan: „Die alte Unterscheidung zwischen dem triebhaften Unbewussten und dem rationalen Bewusstsein (samt Präferenz für Letzteres) hält sich hartnäckig. Dabei ist sie längst widerlegt. Das wahre Genie, das Probleme löst und unser Überleben sichert, ist das Unbewusste.“[37]

---

34 Spektrum der Wissenschaft, Gehirn&Geist, 10/2018 Das Unbewusste: Warum es noch viel mächtiger ist, als wir ahnen

35 Nathalie Matter, Unbewusstes Erleben beeinflusst bewusstes Verhalten, Universität Bern, 4.5.2012, https://idw-online.de/de/news475958

36 Spektrum der Wissenschaft, Gehirn&Geist, 3/2021, Der Autopilot im Kopf, S.16ff.

37 Ebenda, S.22

In unserer Geschichte von Paris und dem Aphrodite-Apfel (Abschnitt 3.1) klammerte sich das Bewusstsein von Paris in Szenario 2 an die vernünftig dokumentierten, transparenten und begründeten Ergebnisse der Testzeitschrift. Der Prozess der Willensbildung war insofern nicht frei, als ein anderer Maßstab (etwa: der selbst getesteter Geschmack der Apfelsorten oder eine stärker ökologische Prioritätensetzung) dem willensbildenden Paris situativ bei seiner Priorisierung nicht zur freien Wahl stand. Der Grund: seine persönliche Prägung („Der vernünftigste Entscheidungsmaßstab ist die Testzeitschrift") lenkte ihn in andere Richtung. Dabei mögen jedoch auch unbewusste Prägungen sich ebenso unbemerkt eingeschlichen haben: z. B. ein grundsätzlich vorhandenes mangelhaftes Selbstbewusstsein, der eigenen Wahrnehmung zu vertrauen und sich mehr von „Autoritäten" (wie den „Experten" einer Testzeitschrift) leiten zu lassen, oder eine unbewusste Ungeduld in dieser Situation, die es Paris verwehrte, zunächst einmal eine gründliche Kostprobe vorzunehmen.

Die Aussage in diesem Essay lautet, dass ein Mensch nicht frei in dem Prozess der Willensbildung ist, wenn seine Abwägung in unkontrollierbarem Ausmaß durch nicht bewusste Faktoren (wie z. B. möglicherweise Ungeduld oder mangelndes Vertrauen in die eigene Urteilsfähigkeit im Falle von Paris und dem Aphrodite-Apfel) beeinflusst oder gar entschieden wird. Dabei können nicht bewusste Faktoren sich sowohl auf die Auswahl der Maßstäbe, auf deren Skalierung (Gewichtung) wie auf die Auswahl der Handlungsoptionen, die zur Abwägung herangezogen werden, auswirken. Diese Unfreiheit ist unvermeidlich!

Der Mensch kann den Prozess der Willensbildung durchaus mittels Bewusstsein steuern! Das menschliche Steuern ist nicht wirkungslos (also nicht etwa wie das Steuern am Feuerwehrauto im Kinder-Karussell, weil dort die Richtung festgelegt ist). Das Auto läuft nicht auf Schienen auf fixierter Bahn wie im Karussell. Das Auto fährt auf einem vergabelten Wegenetz, die Steuerfrau/ der Steuermann lenken das Auto tatsächlich, aber die Entscheidung, ob sie an der nächsten Gabelung links oder rechts abbiegen wollen, kommt nicht frei zustande!

Ähnlich formuliert es Henrik Walter, Professor der Berliner Charité für Psychiatrie mit Schwerpunkt psychiatrische Neurowissenschaft und Neurophilosophie: „Willensfreiheit im traditionellen Sinne gibt es nicht, kann es nicht geben".

Zur abschließenden Einordnung gehören aber auch drei Hinweise, die an anderer Stelle vertieft werden:

- Ohne den grundsätzlich unfreien Charakter der Willensbildung damit zu verändern, kann sich die Qualität der unfreien Willensbildung mit der Erfahrung im Laufe des Lebens aufgrund eines weiterentwickelten Bewusstseins, dazu gewonnener Kompetenz und der Selbstreflexion (als Teil des Bewusstseins) verbessern (Abschnitte 3.5 und 3.9).

- Es darf nicht ignoriert werden, dass wir uns bei der Willensbildung ja durchaus – zumindest ein wenig – frei fühlen! Einerseits muss zwar festgehalten werden, dass eine als frei wahrgenommene Abwägung eine hilfreiche *Illusion* darstellt (zur Vertiefung vgl. Abschnitt 3.8), andererseits spiegelt sich die Freiheit, die bei dieser Intuition wahrgenommen wird, auch im Begriff der Handlungsfreiheit wider: wir besitzen regelmäßig Handlungsfreiheit, zumindest ein wenig! (zur Vertiefung Abschnitt 3.7).

- Wir könnten statt der Definition „im traditionellen Sinne" (Henrik Walter) eine ebenfalls häufig herangezogene Definition von („bedingter") Willensfreiheit heranziehen. „Danach ist ein Wille frei, wenn eine Person ihren Willen nach ihren persönlichen Motiven und Neigungen bildet und dann das tun kann, was sie will". Nach dieser Begrifflichkeit gäbe es tatsächlich Willensfreiheit – es wird zu begründen sein, warum ich diese Definition (ohne das Kriterium der Alternativität) für ungeeignet halte (zur Vertiefung Abschnitt 3.15).

3.5 Selbstreflexion, Selbstbestimmung und Autonomie

Das menschliche Bewusstsein beinhaltet auch die Fähigkeit des Menschen, sich selbst wahrzunehmen und über sich selbst nachzudenken, in sich hineinzuhorchen und hineinzufühlen – kurz: mit Hilfe des Bewusstseins sein Selbst zu reflektieren. Diese Selbstreflexion spielt bei der Willensbildung sowohl bei der Auswahl von Handlungsoptionen wie bei der bewusstseinsbegleiteten Abwägung zwischen diesen Handlungsoptionen eine wichtige Rolle. Die Bedeutung von Selbstreflexion ist in verschiedener Hinsicht zu diskutieren:

- Ist selbstreflektierte Willensbildung gleichbedeutend mit Selbstbestimmung oder Autonomie?
- Kann der Mensch sein Selbst mithilfe des Bewusstseins *korrekt* erkennen?
- Inwiefern bedeutet Selbstreflexion mehr Handlungsfreiheit und eine qualifiziertere Willensbildung?
- Warum ergibt sich durch Selbstreflexion keine Willensfreiheit?

Selbstreflexion oder Selbstbestimmung?

Der hier gewählte Begriff der „Freiheit durch Selbstreflexion" (Abschnitt 2.3) bedarf einer Erläuterung: andere AutorInnen nennen diese Freiheit auch „Freiheit durch Autonomie" oder „Freiheit durch Selbstbestimmung"[38] und meinen damit etwas

---

38 Beate Rössler, Autonomie, Berlin 2023

Ähnliches. Selbstreflexion, Selbstbestimmung und Autonomie beschreiben eine der Voraussetzungen für Freiheit: Diese Eigenschaften werden benötigt, um Freiheit zu gewinnen oder zu erweitern. Wenn wir uns selbst besser kennen und mit Referenz auf unser „Selbst" unseren Willen bilden, dann haben wir eher die Chance, so zu handeln, wie wir es wirklich wollen!

Alle drei (Freiheits-) Begriffe setzen in ihrer Definition eine gute Selbst*wahrnehmung* voraus: ob diese dann tendenziell zur Autonomie, zur Selbstbestimmung oder vielleicht „nur" zur Authentizität führt, ist eine Frage des Verständnisses dieser Folgen der Selbstwahrnehmung. Selbstwahrnehmung kann aus meiner Sicht nur das eigene Selbst *in seinen Bedingtheiten* wahrnehmen, was somit Ausgangspunkt von authentischem Verhalten werden kann. Das bedeutet, dass durch die Selbstwahrnehmung die zum Zeitpunkt der Willensbildung vorhandene persönliche Kompetenz, vorhandene persönliche Grenzen, vorhandene persönliche innere Einschränkungen und Hindernisse, persönliche Bedürftigkeit und Gefühle etc. wahrgenommen werden.

Selbstwahrnehmung heißt dann nicht, dass sich eine Person über diese inneren Bedingtheiten hinwegsetzen könnte. Wenn also „Selbstbestimmung" und „Autonomie" nur bedeuten, unter Respekt auf die wahrgenommenen persönlichen Bedingungen seine individuelle Willensbildung zu vollziehen, dann sind die Begrifflichkeiten identisch. Werden Autonomie und Selbstbestimmung jedoch damit assoziiert, dass ein freier Wille bestehe, der auch diese Bedingungen souverän suspendieren oder modifizieren könnte, dann möchte ich mein Verständnis von diesen Freiheitsbegriffen abgrenzen. Das Wort Autonomie wird mit „Selbst Regeln setzen" übersetzt und hebt damit unzureichend auf das *rezipierende Anerkennen der Bedingungen* des Menschen ab, während eine (scheinbar unabhängige) bestimmende Macht des Menschen als aktiven Urheber und regelsetzendes Subjekt in den Vordergrund gerückt wird. Deshalb werden im Folgenden – der Eindeutigkeit zuliebe – die Begriffe der „Selbstbestimmung" oder der „Autonomie" nicht zur Charakterisierung dieses Konzepts verwendet.

Bewusstsein als vielseitiges Instrument mit zu wenig beachteten Einschränkungen

Das menschliche Bewusstsein ist ein fantastisches Instrument, das dem Menschen sowohl beim Entdecken von Handlungsoptionen wie bei der abwägenden Willensbildung wie bei der rückkoppelnden Auswertung von einer abgeschlossenen Willensbildung weiterhilft. Dieses Instrument hat jedoch entscheidende grundsätzliche Einschränkungen, die üblicherweise nicht oder nicht hinreichend beachtet werden. Das wird im Folgenden erläutert, wobei ich dazu ergänzende Begrifflichkeiten voranstellend definieren muss.

In diesem Essay wird unter dem „Selbst" eines Menschen seine gesamte Persönlichkeit einschließlich der Körperlichkeit, der mentalen, emotionalen und moralischen Eigenschaften verstanden, wobei die biologische Persönlichkeit nicht von einer geistigen Persönlichkeit getrennt wird. Zu dieser Persönlichkeit gehört auch ihre Ausstattung mit „Instrumenten" wie Antrieben einschließlich des Willens und des Antriebs zum Lernen sowie die Instrumente des Bewusstseins sowie des Unterbewusstseins und Unbewusstseins. Auf das Instrument des Bewusstseins kann der Mensch gezielt zugreifen, durch Denken, Gedächtnis, Wahrnehmung eigener Kompetenzen und Selbstwahrnehmung sowie Selbstreflexion. Das *Selbst* des Menschen verändert sich im Leben in allen Dimensionen (z. B. körperliches, emotionales und moralisches Wachstum) und mag sich im späteren Alter durch die Erfahrungen als geistige Reife auszeichnen. Das Instrumentarium des Bewusstseins wird dem Wesen des Menschen zum

Zwecke des möglichen Wachstums bereitgestellt. Folgende Missverständnisse treten dabei auf:

- Das Bewusstsein kann nicht die gesamte Persönlichkeit (das Selbst) wahrnehmen, sondern liefert ein Ausschnittbild. Wir können dieses Ausschnittbild als Ich bezeichnen, demnach mit der Zusatzdefinition, dass unter dem Ich das wahrgenommene Selbst zu verstehen ist.[39]

- Das Ich kann jedoch niemals das Selbst vollständig widerspiegeln oder auch nur erfassen, in welchem Ausmaß es ein Zerrbild, ein Wunschbild oder ein weitgehend kongruentes Abbild des Selbst darstellt. Es bietet sich nur eine von der Lebensgestaltung abhängige Chance für eine gewisse Kongruenz zwischen wahrgenommenen Selbst und Selbst.

- Hintergrund für die entsprechende Unsicherheit ist der nicht kontrollierbare Einfluss des Unterbewussten und Unbewussten auf die bewusste Wahrnehmung.

- Bewusstseinsbegleitete Abwägungen bei der Willensbildung vergleichen demnach nicht mit dem in der Persönlichkeit (dem Selbst) verankerten Wollen, sondern mit dem vom Ich wahrgenommenen Wollen.

- Das Bewusstsein ist grundsätzlich für Situationen hilfreich, die für den Willensbildenden „neu" sind. Dabei stellt das Bewusstsein Vergleiche mit bekannten Situationen her. Diese

---

39 Es gibt unterschiedliche Definitionen vom Ich. Teilweise wird das Ich auch mit dem Selbst gleichgesetzt (vgl. Newen: Newen_Ich_2011.pdf (philosophy-cognition.com); besucht 20.05.2024). Hier wird die Sichtweise von C.G. Jung übernommen; vgl. weiter unten in Abschnitt 3.5 („Selbstreflexion und Willensfreiheit");
„Das Selbst [bezieht sich] auf das tatsächliche Wesen einer Person, ihre einzigartigen Eigenschaften, Gedanken und Emotionen. Es ist das tiefere Selbst, das sich von unserem bewussten Denken und Handeln unterscheidet." (Quelle: https://www.selbstbild.com/die-balance-zwischen-ego-und-selbst/)

Vergleiche „hinken" oft und sind als grobes Screening für ein möglichst schnelles Reagieren gedacht. Dass Fehler einem Screening immanent sind, wird in Kauf genommen und wird langfristig tendenziell durch Lernen korrigiert. Während der Willensbildung führen diese Fehler jedoch zu unfreien (vom Bewusstsein fehlgeleiteten) Abwägungen.

- Bewusstseinsbegleitete Korrekturen an fehlerhaften Abwägungen können nur an den wahrgenommenen Fehlern erfolgen und unterliegen damit weiterhin den Einschränkungen der (möglicherweise) verzerrten Wahrnehmung.

Dennoch besteht die Chance, dass das Bewusstsein über die Selbstreflexion und das Lernen die Maßstäbe des wahrgenommen Ich in bessere Kongruenz mit dem Selbst (der authentischen Persönlichkeit) bringt.

Freiheit durch Selbstreflexion

Selbstwahrnehmung und Selbstreflexion sind Aspekte des Bewusstseins. Bewusstsein begleitet die menschliche Willensbildung bei der Ausweitung und Spezifizierung des Optionsraums (Abschnitt 3.3) und bei der Abwägung zur Optionsauswahl (Abschnitt 3.4). Das besondere Kennzeichen von Selbstwahrnehmung und Selbstreflexion bei der Willensbildung ist, dass das Bewusstsein hier eine Referenz zum *Selbst* herstellt:

- Welche Handlungsoptionen passen zu *meinen* persönlichen Fähigkeiten und Grenzen, sind also *für mich* prioritär?
- Welche zusätzlichen Kompetenzen muss ich mir durch Lernen und Übung aneignen, damit ich zusätzliche, zu *mir* passende Handlungsoptionen dazu gewinne?
- Wie gut war die Kongruenz bzw. wie stark war Differenz bei umgesetzten Handlungen zwischen „handlungswirksamem

Wollen" und dem, was ich wirklich wollte (meinem authentischen Wollen)?

Auf diese Weise weitet sich der Optionsraum für Handlungen nicht einfach nur quantitativ aus; stattdessen besteht die Chance, dass vor allem qualitativ bessere Optionen in den Optionsraum bei der Willensbildung aufgenommen werden, die möglicherweise besser zu einer Person passen und dass andere Handlungsoptionen frühzeitig eliminiert werden können, die nicht zu dieser Person passen. Und es besteht die Chance, dass in die Priorisierung von Handlungsoptionen durch Abwägung bewusster einfließt, ob das resultierende handlungswirksame Wollen tatsächlich mein persönliches, authentisches Wollen ist. Das Gute an der Selbstreflexion ist, dass sie laufend auch nach der Umsetzung eines Willens im Menschen weiterarbeitet. So wird automatisch ein gewisses Lernen möglich, da die Kongruenz oder die Spannung (bei fehlender Kongruenz), die bei zurückliegenden Handlungen wahrgenommen wurde, über Selbstreflexion in folgende Willensbildungsprozesse einfließt.

Wenn über Selbstwahrnehmung und Selbstreflexion zusätzliche, qualifizierte Handlungsoptionen entstehen und die Chance besteht, bei der Willensbildung eine solche Option zu wählen, die für eine Person dem *authentischen* Wollen entspricht, dann ist dies als Freiheit zu bezeichnen! Der Mensch hat eine größere Chance, in Einklang mit sich selbst zu handeln! In diesem Essay ist dies als Handlungsfreiheit definiert (Abschnitt 3.7).

Die Selbstreflexion ist beim Menschen individuell sehr unterschiedlich ausgeprägt und entwickelt sich auch über das Lernen je nach soziokulturellem Zusammenhang sehr verschieden. Dadurch nehmen manche Personen etwas als „eigen" wahr, was andere sich wegen geringer Reflexion nicht zu eigen machen. Auch bei geringer Reflexion gibt es Handlungsfreiheit – die weitergehende Selbstreflexion wird jedoch von vielen Menschen gesucht und ermöglicht dann eine weitergehende Freiheit durch bewusste Wahrnehmung von noch verbleibenden Spannungen und erreichten Kongruenzen in Vergleich zum Selbst.

Die menschliche Wahrnehmung des Selbst mit der damit verknüpften *Freiheit durch Selbstreflexion* bedeutet eine fundamentale Änderung gegenüber einer Natur ohne den *homo sapiens*[40]. Das Kriterium der Selbstreflexion kann insofern als Humanspezifikum der Handlungsfreiheit angesehen werden und bedeutet eine besondere Qualität der menschlichen Willensbildung.

Selbstreflexion und Willensfreiheit

Für die Selbstwahrnehmung und Selbstreflexion gelten jedoch ähnliche Grenzen wie sie oben (vgl. Thema: „Bewusstsein als vielseitiges Instrument mit zu wenig beachteten Einschränkungen") für das Bewusstsein allgemein bereits aufgezeigt wurden. Durch den bedeutenden und in seinem Ausmaß nicht kontrollierbaren Einfluss des Unbewussten und Unterbewussten auf unsere Willensbildung ist keine freie Abwägung möglich. Es gibt also grundsätzlich keine Willensfreiheit (Abschnitt 3.4). Diese Erkenntnis schließt auch Abwägungen ein, bei denen Selbstreflexion die Willensbildung begleitet.

Der Kognitionswissenschaftler und Philosoph Albert Newen kommentiert dazu: „Im Alltag gehen wir davon aus, dass niemand die eigene Person genauer kennt als man selbst …. Wie soll jemand anderes besser wissen, welche mentalen Zustände

---

40 Die Differenzierung, dass auch im Tierreich durchaus rudimentäre Elemente der Selbstreflexion zu beobachten sind, verändert nicht die grundsätzlich hier auf den Menschen bezogene Charakteristik, die wegen des Ausmaßes hier als „fundamentale Änderung" beschrieben wird. Siehe hierzu auch Abschnitt 3.10

ich habe? Doch auch wenn wir die eigenen mentalen Zustände unmittelbar innerlich erfassen können, schätzen wir sie doch oft falsch ein … Überdies lehrt die Alltagspsychologie, dass wir uns zum Schutz eines positiven Selbstbilds systematisch Selbsttäuschungen hingeben. Das ist weder stets unvernünftig noch grundsätzlich nachteilig für die betreffende Person. Systematische Fehlbewertungen der eigenen Eigenschaften und Fehler sind bis zu einem gewissen Grad normal."[41]

Das Selbst kann über das Bewusstsein nicht vollständig wahrgenommen werden, dokumentiert Wikipedia die Sichtweise von C.G. Jung: „Nach [C.G.] Jung sind im Selbst sowohl das Unbewusste als auch das Bewusstsein eines Menschen enthalten. Somit [enthält] es alle Anlagen und Potenziale eines Subjekts, enthält die archetypischen Grundlagen des Bewusstseins und ist die Grundlage seiner Bewusstwerdung. Das Ich [differenziert] sich im Laufe der ersten Lebensjahre aus dem Selbst, gewinnt damit seine Inhalte und Funktionen. Somit wirkt das Selbst durch das Ich, aber ein Ich kann das Selbst nicht vollständig erfassen, denn das Selbst transzendiert das Ich. Das Ich ist das, was vom Selbst dem Ich bewusst wird."[42]

Bei ausgeprägter Selbstreflexion kann die Qualität der grundsätzlich unfreien Willensbildung deutlich erhöht werden (Abschnitt 3.9), was sich in zusätzlicher Handlungsfreiheit niederschlägt.

Allerdings beinhaltet die Selbstreflexion nicht für jeden Menschen in jedem Falle einen Erfolg:

- Die angesprochene mögliche systematische Selbsttäuschung kann bedeuten, dass der Mensch sich trotz Selbstreflexion nicht tatsächlich besser kennenlernt, sondern ein verfälsch-

41 Albert Newen, Spektrum.de, Wer bin ich?, 17.02.2011, https://www.spektrum.de/news/wer-bin-ich/1063967; besucht 2.4.2024

42 Selbst – Wikipedia; besucht 1.5.2024

tes Bild von sich kennenlernt, so dass die Willensbildung dann nicht zu höherer Kongruenz von handlungswirksamem Wollen und authentischem Wollen führt. So ist nicht sichergestellt, dass eine manipulierte Person sich als manipuliert erkennt und (dauerhaft oder in Phasen ihres Lebens und in unterschiedlichem Umfang) sich durch Selbstreflexion von dieser Fremdbestimmung *befreien* kann.

- In die Selbstreflexion geht auch das Nachdenken über die eigenen Werte ein: wenn eine Person deformierte moralische Werte verinnerlicht hat, so könnte sie auch „böses Handeln" als Handeln nach authentischem Maßstab wahrnehmen. Handlungsfreiheit führt also nicht automatisch zu „gutem Handeln" , ja jede Person andere Maßstäbe für ihr Handeln sich zu eigen machen kann.

3.6 Freiheit des Geschöpfs

Es ist ungewohnt, wenn dem Menschen bei der Willensbildung die Willensfreiheit grundsätzlich abgesprochen und zugleich ein „Mehr oder Weniger" an Handlungsfreiheit in diesem Essay zugeordnet wird. Deshalb möchte ich dem Verständnis von Freiheit nochmals nachspüren: was genau assoziieren wir mit Freiheit, wenn wir unsere Willensbildung und unser Handeln betrachten? Es soll mit einem „Interview", das Paris einem interessierten fragenden Laien (IFL) zu der Thematik gibt, nochmals auf die Apfelauswahl (Abschnitt 3.1) zurückgeblickt werden, um die Freiheitsbegriffe am Beispiel verständlicher einzuordnen, und es sollen weitere Aspekte des Themas Freiheit in diesem Abschnitt ergänzend betrachtet werden.

Das ungleiche Paar: Willens- und Handlungsfreiheit

Wenn wir von Willens- und Handlungsfreiheit sprechen, geht es um sehr unterschiedliche Freiheitsbegriffe, und diese Unterschiede werden leicht vergessen: das führt zu massiven Missverständnissen.

Die Frage bei der *Willensfreiheit* lautet:

▶ Ist der Auswahlprozess zwischen verschiedenen Handlungsoptionen frei? Kann sich also die willensbildende Person frei zwischen zur Wahl stehenden Alternativen entscheiden?

Die Frage bei der *Handlungsfreiheit* lautet:

▶ Wie groß ist die Chance, dass eine willensbildende Person mit der ausgewählten Handlungsoption („handlungswirksames Wollen") eine Wahl getroffen hat, die ihrem authentischen Wollen entspricht?

Einmal geht es also um die Freiheit beim Auswahlprozess und das andere Mal um die Frage nach dem (in der Regel nachträglichen) Auswertungsergebnis, welches Ausmaß an Handlungsfreiheit dieser Prozess dem Willensbildenden ermöglicht hat. Abbildung 5 verdeutlicht diese unterschiedlichen Fragestellungen und die Zusammenhänge mit den Instrumenten der Willensbildung und deren Entwicklung bei der menschlichen Entwicklung über die Erfahrung.

Der Prozess der Willensbildung beinhaltet die Wahrnehmung eines Optionsraums (also der Möglichkeiten des Handelns; Abschnitt 3.3) und die Abwägung zwischen den Handlungsoptionen (Abschnitt 3.4), welche davon zum „handlungswirksamen Wollen" werden soll. Diese Willensbildung ist in Abbildung 5 im linken unteren Bereich als Feld ① markiert. Um diese Abwägung durchzuführen, bedient sich die willensbildende Person bestimmter Instrumente: mit Hilfe des Bewusstseins,

- also des Nachdenkens über die Vor- und Nachteile der Handlungsoption und der Gewichtung, wie stark die jeweiligen Vor- oder Nachteile zählen,
- also der Bewertung der eigenen Fähigkeiten, die Handlungsoption auch mit der vorhandenen Kompetenz umsetzen zu können, sowie speziell
- der bewusstseinsbegleiteten Prüfung, wie gut die Handlungsoption zu den persönlichen Vorstellungen passt,

wird diese Abwägung durchgeführt. Diese Auswahl wird zusätzlich vom Unterbewusstsein beeinflusst. In Abbildung 5 ist das Unterbewusstsein in Klammern notiert, weil der Willensbildende mit diesem Instrument nicht aktiv umgeht; es wirkt als geheimnisvoller Faktor bei der Willensbildung mit. Dieser Abwägungsprozess ist mit der Frage nach der Freiheit bei dieser Optionswahl verknüpft.

Das Ergebnis der Willensbildung mit dem „handlungswirksamen Wollen" ist dann Gegenstand der Prüfung: wie gut wurde mit dem handlungswirksamen Wollen das „authentische Wollen" getroffen? Die Prüfung dieser Fragestellung ist mit dem Zeichen ② in der Abbildung markiert und betrifft die Frage der Handlungsfreiheit. Zur Prüfung der Frage steht wiederum das gleiche Instrumentarium (Bewusstsein, Kompetenz, Selbstreflexion, (Unterbewusstsein)) zur Verfügung. Dabei wird also nachgedacht: „Wie stimmig war jetzt meine Entscheidung?". Die Frage prüft also ein „graduelles" Ausmaß der Stimmigkeit und damit der Handlungsfreiheit. Das Problem bei dieser Frage ist, dass das Instrumentarium keine sehr zuverlässige Antwort auf diese Stimmigkeit gibt. Denn das Bewusstsein mit der Selbstreflexion kann uns Menschen dabei unter Umständen mit groben Fehlwahrnehmungen aufwarten! Aus diesem Grund wird die Frage nach der Handlungsfreiheit auch etwas modifiziert: Es wird nur abgefragt, ob eine kleinere oder größere *Chance* besteht, dass das „handlungswirksamen Wollen" in guter Übereinstimmung mit dem authentischen Wollen ist. Jede präzisere Aussage wäre bei dem wenig zuverlässigen Instrumentation und bei der schwierigen Frage, wie denn eigentlich das „authentische Wollen" genau aussieht, vermessen. Bei dieser Frage horcht der Willensbildende mit seiner Selbstreflexion in sich hinein und schätzt die Übereinstimmung mit subjektiver Wahrnehmung des Freiheitsgrads ab. So lautet die selbstreflexive Antwort auf die Frage z. B.: „Bei meiner Entscheidung habe ich ein gutes Gewissen", „Meine Entscheidung entspringt zwar meinem derzeit mangelhaften Selbstwertgefühl, aber ich hoffe, dass ich unter besseren Umständen auch eine andere Entscheidung fällen werde", „hier habe ich mich mal wieder von dem kurzfristigen Lustgewinn blenden lassen, ohne genügend auf mein Bauchweh dabei zu achten, was die Entscheidung auf Dauer mit mir machen wird", etc.

Die „Fehler" bei der Selbsteinschätzung können grundsätzlich nicht eliminiert werden, weil wir unser Selbst nicht kennen, aber die Qualität der Instrumente (Bewusstsein, Kompetenz, Selbsteinschätzung) kann sich im Zuge der Erfahrung und des Lernens der willensbildenden Person verbessern (Δ Qualität). Dieser Prozess der Qualitätsverbesserung ist im Feld mit der Markierung ③ in Abbildung 5 schematisch dargestellt. Mit gewachsener Reife im Bewusstsein und in der Selbstreflexion ist dann die Chance größer, dass ich bei der retrograden Einschätzung meiner Handlungsfreiheit (also bei der Freiheitsfrage bei Markierung ②) a) diese richtiger einschätze, b) diese auch tatsächlich wächst. Und diese verbesserte Qualität des Instrumentariums durch Lernen (Markierung ③) wirkt sich natürlich ebenso auf die Willensbildung (Markierung ①) aus mit reiferen Abwägungen.

Allerdings – das ist der Wermutstropfen für Menschen, die von einer Willensfreiheit ausgehen – kann eine reifere Abwägung nie in Willensfreiheit münden (Abschnitt 3.9); die reifere Abwägung drückt sich „nur" in mehr Handlungsfreiheit (Markierung ②) aus.

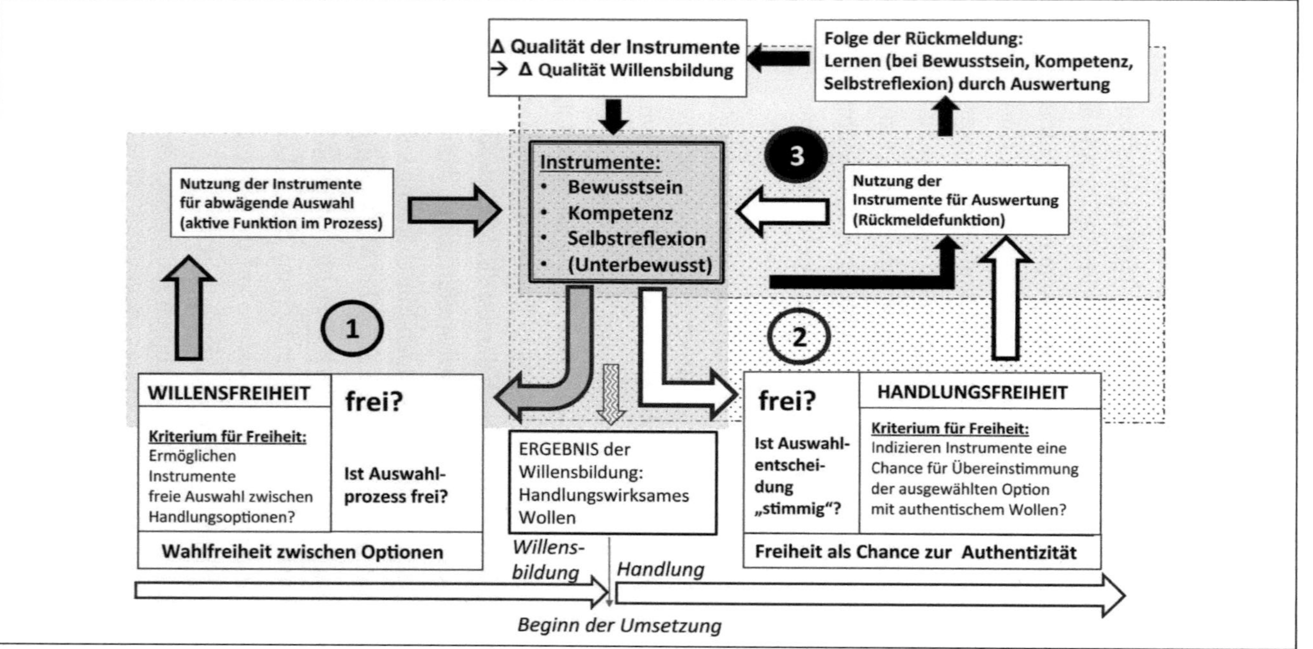

Abbildung 5: Willens- und Handlungsfreiheit: unterschiedliche Fragestellungen und der gemeinsame Einfluss der Instrumente Bewusstsein, Kompetenz und Selbstreflexion auf beide Fragestellungen sowie der Einfluss des Lernens auf die Qualität der Willensbildung

(Erläuterungen im Text; vgl. auch Abbildung 2 zur Abgrenzung der Freiheitsbegriffe)

Interview mit Paris zur Freiheit bei der Wahl des Aphrodite-Apfels (zur Geschichte in Abschnitt 3.1)

IFL:[43] Prinz Paris, haben Sie sich im Szenario 3 frei in Ihrer Wahl gefühlt, als Sie unter den 5 Apfelsorten am Marktstand auswählen konnten?

PARIS: Ja, sicherlich! Mir hat ja niemand Vorschriften gemacht. Und eine Situation, bei der mehrere Optionen bestehen, ermöglicht eine Wahl. Das weiß ich zu schätzen. Es gibt mir die Chance, die Apfelsorte auszuwählen, die ich bei – zugegeben begrenzter – Auswahl am Marktstand „die beste Wahl" finde! Mehr Apfelsorten bedeuten größere Auswahl. Größere Auswahl bedeutet größere Chance, eine Apfelsorte zu finden, die für mich persönlich besonders passend ist. So eine Wahlmöglichkeit bedeutet deshalb eine gewisse Handlungsfreiheit! 10 Apfelsorten und eine gründliche Abwägung zwischen diesen hätte eine noch höhere Handlungsfreiheit bedeutet, denn sie wäre aus einer qualifizierteren Willensbildung erwachsen!

IFL: Sie haben dann den Aphrodite-Apfel *freiwillig* gewählt?

PARIS: Die Antwort lautet wieder: ja! Ich konnte entsprechend meinen Neigungen und meinen Motiven eine Auswahl treffen – das entsprach meinem Willen, dem entsprechend ich ja handelte, als ich am Markt dazu die Möglichkeit hatte! Nach seinem Willen auch handeln zu können, bedeutet für mich: freiwillig handeln, bedeutet für mich: Handlungsfreiheit!

IFL: Dann hatten Sie ja offensichtlich auch einen freien Willen, wenn Sie entsprechend ihrem Willen „freiwillig" ihre Wahl der Apfelsorte treffen konnten?

---

43   IFL = Interessierter fragender Laie

PARIS: Jetzt kommt etwas durcheinander! Das liegt vermutlich am missverständlichen Wort: „freiwillig"! Dieses verweist eigentlich auf Handlungsfreiheit und nicht auf Willensfreiheit. Ich habe nur sagen wollen, dass ich meinen Willen umsetzen konnte, indem ich den Aphrodite-Apfel kaufte, den ich ja auch kaufen wollte. Aber ich habe nicht behaupten wollen, dass ich bei der Wahl des Aphrodite-Apfels einen freien Willen gehabt hätte!

IFL: Sie konnten also, unterstützt durch eine gewisse Vielfalt an verfügbaren Apfelsorten bzw. Handlungsoptionen, Ihrem Willen folgen und diesen mit dem Kauf umsetzen, aber Sie sagen, dass dieser Wille nicht frei – also „unfrei" – zustande gekommen ist?

PARIS: Ja, das will ich sagen! Ich empfinde diese Unfreiheit bei meiner Abwägung zwischen den Apfelsorten jedoch nicht als Einschränkung, sondern als einsichtige Folge von dem, was bei der menschlichen Willensbildung stattfindet! Vielleicht ist der Begriff *„unfrei"* mit zu viel Emotion behaftet – ich möchte das aber abgrenzend so bezeichnen, weil die unzutreffende Gegenthese: „Willensbildung ist *frei*" noch immer im Raum schwebt.

IFL: Können Sie nochmals zusammenfassen, warum Sie Ihre Abwägung bei der Auswahl der Apfelsorten als unfrei bezeichnen?

PARIS: Gerne! Zwei Gründe sind dafür verantwortlich. Erstens: Ich kenne mich zwar ganz gut, aber nicht so gut, dass ich mir sicher sein kann, dass meine bewusste Wahrnehmung („Geschmack ist gut und hier entscheidend") tatsächlich meine Abwägung geführt hat. Vielleicht haben im Unterbewussten z. B. der Name „Aphrodite-Apfel" und meine entsprechenden Assoziationen eine gewisse Rolle gespielt – das will ich nicht ausschließen. Unsere Entscheidungen fallen zwar bewusstseinsbegleitet, jedoch nicht verlässlich kontrolliert von dem, was wir bewusst wahrnehmen und reflektieren! Zweitens: Ich könnte nicht den Maßstab und dessen Gewichtung während der situativen Abwägung frei ändern, also frei bestimmen, ob mir der Geschmack oder die ökologische Qualität das wichtigere Kriterium bei der Auswahl der Äpfel ist. Es fehlte die Freiheit, sich unter den gegebenen Umständen anders zu entscheiden, als mir das durch meine Prägung („Geschmack ist am wichtigsten!") gegeben ist.

IFL: Sie hinterfragen also, ob Neigungen und Motive frei wählbar sind. Bedeutet dies nicht zugleich: „Ich konnte ja nichts für meine Neigungen und Motive!" Und beschreiben Sie sich nicht damit als Opfer ihrer Neigungen und Motive, so dass Sie deshalb keine Freiheit, keine Willensfreiheit, besitzen würden?

PARIS: Nein! Ich beschreibe erst einmal, dass meine Neigungen und Motive da sind und dass dies die Parameter sind, auf die ich hören muss, wenn ich mir bewusst machen möchte, welche Apfelsorte zu wählen ist. Meine Motive sind ja auch meine Werte, auf die ich in jedem Fall hören sollte. Ich fühle mich nicht als Opfer, wenn ich mich zu meinen Motiven und Neigungen – Stand: heute – bekenne und als erwachsener Mensch dafür Verantwortung übernehme, vollkommen unabhängig davon, ob ich diese durch meine Prägung „übergestülpt bekommen" habe oder ob und in welchem Ausmaß, ich sie mir inzwischen zu eigen gemacht habe! Aus diesem Blickwinkel, dass ich für meine Neigungen und Motive Verantwortung übernehme, leitet sich jedoch nicht ab, dass ich diese frei wechseln könnte, also z. B. die Bioqualität als zentrales Kriterium meiner Entscheidung wählen könnte!

IFL: *Können* oder *wollen* Sie nicht? Soll heißen: *Könnten* Sie den Maßstab – also statt Geschmack Bioqualität als entscheidendes Kriterium für Ihren Einkauf – oder *wollten* Sie ihn nicht wechseln?

PARIS: Wenn Sie „Können" als *grundsätzliche Kompetenz* verstehen, kann ich tatsächlich den Maßstab wechseln, also den vernünftigen Maßstab der Bioqualität als entscheidendes Kriterium für meine Kaufentscheidung wählen. Dazu reicht meine intellektuelle Kompetenz und meine Fähigkeit zur Folgenabschätzung. Insofern: ich *wollte* den Geschmack der Äpfel als Entscheidungskriterium, nicht die Bioqualität! Aber: *Die Umsetzung von Können ins Handeln setzt immer Wollen voraus!* Wenn mich nicht jemand zwingt! Vielleicht nicht immer bewusstes Wollen, denn da spielt das Unterbewusste eine wichtige Rolle. Insofern war *situativ meine Kompetenz eingeschränkt*: ich konnte nur so handeln, wie ich handeln wollte! Und deshalb der Aphrodite-Apfel! Die grundsätzliche Kompetenz zählt nicht, wenn sie in einer Situation trotz Abwägung nicht zur Verfügung steht.

IFL: Sie hatten also nicht das Vermögen, sich unter den gegebenen Umständen am Marktstand statt für den Aphrodite-Apfel für den Hera-Apfel (den Bio-Apfel) zu entscheiden?

PARIS: Exakt – obgleich unser Bewusstsein uns vorgaukeln mag, dass wir auch eine andere Wahl hätten treffen können, dass ich also mich ebenso gut für den Bio-Apfel hätte entscheiden können. Aber das stellt sich nach diesen Überlegungen als Illusion dar! Das grundsätzliche Vermögen ist vorhanden, aber in der Situation („unter den gegebenen Umständen") kann kein Mensch etwas anderes wollen als das, was er gerade will!

ILF: Zum Schluss – wenn ich meinen Willen nicht wählen kann, dann fühlt sich das für mich lähmend an. Ich bin dann ja nur Ausführender eines unfrei gebildeten Willens, den mein Bewusstsein nicht zuverlässig kontrollieren kann? Für mich bedeutet eine solche „Einsicht in die Notwendigkeit" ein sehr passives Verständnis von Leben. Muss ich mit dieser Botschaft mit meinem Apfel-Einkauf nach Hause gehen?

PARIS: Das wäre schade! Nein – Sie vernachlässigen, dass wir vorhin die Handlungsfreiheit als eine Chance beschrieben haben, wenn wir Lernen und unsere Kompetenzen weiterentwickeln! Im Szenario 2 war ich als Ausführender der Bewertung von Apfelsorten im Testheft bei meiner Handlungsfreiheit noch recht passiv. Dadurch, dass ich durch das Verkosten der Äpfel dazulernen durfte, einen eigenen Maßstab entwickelt habe, konnte ich mich mit der Auswahl noch mehr identifizieren und habe in Szenario 3 eine reifere Entscheidung getroffen. Das passiv erscheinende Hinnehmen des Gegebenen wird also mit dem Antrieb verknüpft, einen authentischeren Willen im Handeln umzusetzen. Ich will in der Qualität meiner Willensbildung wachsen. Dieser Doppelcharakter der Willensbildung, Akzeptieren des Gegebenen und Wahrnehmung meiner Antriebe zum Wachsen ist entscheidend!

ILF: Freiheit als möglicher Zugewinn an Authentizität durch Wahrnehmung von Gegebenem und persönlichem Veränderungsbedürfnis als Motivation für das Handeln. Das erscheint mir ein anregendes Schlusswort!

Lernen und Handlungsfreiheit

Der Mensch ist (wie auch die anderen Lebewesen) ein Geschöpf. Damit unterliegt er bei seiner Willensbildung seinen biologischen, naturgesetzlichen *Bedingungen* (Erbgut und Prägung durch Umwelt). Die Biologie des Gehirns kann dabei durchaus „Freiheitsgrade" beinhalten, d.h. Variabilität mit Platz für eine Steuerung mit Hilfe des Bewusstseins, z.B. durch die Impulskontrolle, neben der dominanten Rolle von Unbewusstem und Unterbewusstem. Aber auch das Bewusstsein unterliegt den naturgesetzlichen Bedingungen (gegeben durch Erbgut und Prägung durch Umwelt). Auch bewusste Entscheidungen können nicht ohne Ursache autonom *ex nihilo* vom Menschen generiert werden.

Zu den Gaben des neugeborenen Menschen gehört auch ein neurokognitives Potenzial zur Herausbildung eines Bewusstseins und ein Antrieb zum Lernen[44]. Der Antrieb zum Lernen betrifft z. B. die Erweiterung der physiologischen, mentalen und emotionalen Kompetenzen und die Erweiterung des Bewusstseins. Dabei ist das Bewusstsein in den ersten Lebensjahren noch wenig ausgeprägt. Die Erweiterung des Bewusstseins durch Lernen beinhaltet spezifisch die zunehmende Entwicklung eines „Ich" und die Selbstwahrnehmung mit dem spezifischen Antrieb, mit Hilfe der Selbstreflexion einen *eigenen* Willen, ein *authentisches* Wollen, herauszubilden (Abschnitt 3.5).

Die Selbstreflexion dient der Selbstfindung in einem dynamischen Lernprozess. Dem Menschen ist ein innerer Wachstumstrieb für diese Selbstfindung gegeben, der unterschiedlich stark ausgeprägt ist. Wikipedia erläutert diesen psychologischen Prozess:

„Dass man sich realistisch wahrnimmt, setzt Selbsterkenntnis voraus. „Werde, der du bist" (= von deinen Fähigkeiten und Möglichkeiten her, von deinen Wesens-Anlagen her und Wesens-Möglichkeiten her) ist zunächst scheinbar ein Anspruch, der nur von der erzieherischen Umwelt her einer Person angetragen und durch Belohnungs- und Bestrafungsmechanismen ins Über-Ich hinein sozialisiert wird. Aber es ist auch ein mehr oder weniger unbewusster Anspruch aus dem Es: Der psychosomatische Bewegungsdrang, der Neugierdrang (Wahrnehmungsinteresse) und Bestätigungs-Drang (Primär-Narzissmus) führen unbewusst – also wie automatisch – dazu, sich zu erpro-

---

44 Eine weitergehende Betrachtung des Leib-Seele-Themas erscheint mir an dieser Stelle für die hier vorgestellten Einordnungen und Schlussfolgerungen nicht erforderlich.

ben, zu behaupten und Probleme lösen zu wollen. Das Ich muss jedoch die Handlungsimpulse und Handlungsansprüche aus dem Es, dem Über-Ich und aus der sozialen Umwelt kritisch und vor allem selbstkritisch prüfen und dann handlungsleitend einsetzen, sodass man sagen kann: „Werde, der du bist" ist ein Anspruch des ichfunktional gebildeten Gewissens."[45]

Irreführende Freiwilligkeit

Der Begriff „freiwillig" besitzt eine Wortbedeutung, die perfekt zur Verwirrung, zum Missverständnis und zum „aneinander-vorbei-Reden" zwischen Menschen geeignet ist, die über Willensfreiheit debattieren. Das Wort beinhaltet die Assoziation zur Willensfreiheit, ohne diese jedoch zu definieren. Wenn wir etwas freiwillig machen, dann tun wir es ohne Zwang und mit unserem Einverständnis. Das klingt auch im Begriff der Freiwilligkeit nach Wikipedia an: „In Recht und Philosophie ist Freiwilligkeit eine Entscheidung, die aus freiem Willen einer Person getroffen wird, im Gegensatz zu einer Entscheidung, die das Ergebnis von Zwang oder Nötigung ist."[46] Aber dieser Begriffsinhalt entspricht keineswegs der in diesem Essay verwendeten Definition der Willensfreiheit (Abschnitt 2.3). Die Frage nach einer freien oder unfreien Abwägung vor der Entscheidung zu einer „freiwilligen" Handlung wird ebenso wenig gestellt wie die Frage nach der Alternativität. Viel eher beschreibt also Freiwilligkeit – trotz dieser Wortwahl – ein nicht näher charakterisiertes Ausmaß an Handlungsfreiheit (Abschnitt 3.7).

---

45   https://de.wikipedia.org/wiki/Selbstpsychologie; besucht 2.4.2024
46   Voluntariness – Wikipedia; besucht 22.5.2024

Sire, geben Sie Gedankenfreiheit!

In Friedrich Schillers Drama Don Carlos richtet der Malteser-
ritter Marquis von Posa die Forderung nach Gedankenfreiheit
an den spanischen König: „Sire, geben Sie Gedankenfreiheit!"
Doch was verstehen wir unter Gedankenfreiheit und haben wir
einen freien Willen darüber, was wir denken und wie unsere
Gedanken sich entwickeln?

Bei Gedankenfreiheit geht es um ein Grundrecht, das ähnlich verstanden wird wie Meinungsfreiheit. Auch im Drama
Don Carlos. Die Freiheit von Einschränkungen (negativer Freiheitsbegriff; Abschnitt 2.3) ist thematisiert. Freiheit von Einschränkungen ist eine der Voraussetzungen, um Handlungsfreiheit zu gewinnen.

Der Begriff enthält keinerlei Aussage über die Frage, ob die
Gedanken, z. B. jene, die wir uns in stiller Stunde machen, mit
freiem Willen zustande kommen und souverän vom Menschen
gesteuert werden können. Wir betreiben das Denken zwar mit
Bewusstsein und sind in der Regel in der Lage, bewusste Gedankenfolgen in einer logischen Abfolge vorzunehmen. Das
bedeutet, dass wir die Möglichkeit haben, Gedankenfolgen zu
kontrollieren. Das ist jedoch nur ein kleiner Aspekt des Themas,
wenn sich eine Person „Gedanken macht". Wie Gedanken entstehen bleibt uns weitgehend verborgen und die meisten Menschen verfügen nicht über die Fähigkeit, Gedanken an- und ab-
zuschalten oder beim Denken entstehende Assoziationen und
kreative „Gedankenblitze" aktiv zu steuern. Die bei der Willensbildung relevanten Schlussfolgerungen aus den Gedanken werden ebenso wie die Startpunkte der Gedankenabfolgen und die
Themen der Gedanken auch vom Unbewussten und Unterbewussten beeinflusst. Damit gibt uns das Stichwort „Gedankenfreiheit" keinen Hinweis auf die Freiheit bei der Willensbildung.

Wahlfreiheit: eine zentrale Errungenschaft des Menschen?

Menschen wie auch andere Lebewesen bevorzugen es, wenn sie im Leben Wahlmöglichkeiten geboten bekommen. Das bietet Chancen, dass unter den verschiedenen angebotenen Optionen jene Option verfügbar wird, die möglichst nahe dem Wollen entspricht (vgl. für Tiere: Kasten in Abschnitt 3.10). Wahlmöglichkeit bedeutet jedoch noch keine Wahlfreiheit.

Ein plastisches Beispiel: Eine repräsentative Demokratie basiert auf Wahlmöglichkeit zwischen mehreren politischen Parteien. Das nennen wir „Wahlfreiheit" und schätzen diese! Aber könnte ein Wähler der CDU sich ebenso gut für die AfD entscheiden oder für die Grünen? Bei der Abwägung, welche Partei gewählt werden soll, besteht wegen der Prägung der Wähler keine freie Wahl. In der Situation der Wahlkabine bestimmen Bewusstes und Unterbewusstes, wo das Kreuz gemacht wird. Sofern also Wahlfreiheit mit Willensfreiheit assoziiert wird, ist dies eine Illusion. Wahlfreiheit beinhaltet aber ein Stück Handlungsfreiheit! Die Wahlmöglichkeit, die Menschen benötigen, bezieht sich auf das Vorhandensein von Handlungsoptionen. Hier entsteht die Illusion der Willensfreiheit durch eine gedankliche Verkürzung. Diese liegt darin, dass aus dem Vorliegen von Optionen noch nicht hervorgeht, dass die Wahl zwischen diesen Optionen frei wäre (Abschnitte 3.3 und 3.4).

Eine der zentralen Willensbildungen in unserem Leben, die zu einem handlungswirksamen Wollen führt, ist die Ehe. Besteht hier Wahlfreiheit? Die Entscheidung für das „Ja-Wort" könnte als Schlüsselbeispiel dafür dienen, Willensfreiheit als plausibel einzuordnen. Zumindest in gewissen Grenzen. Aber es gibt in dieser Situation keine Wahlfreiheit in dem Sinne, dass sich die Liebhaberin auch in freier Weise für einen anderen Partner oder der Junggeselle für eine andere Frau hätte entscheiden können (ihr „Kreuzchen" bei einem anderen Namen machen könnte). An dem Beispiel wird sehr deutlich, wie unbewusste Parameter mit hoher Bedeutung die Wahl beeinflussen. Das beginnt mit der unbewussten Entscheidung, sich auf einen heterosexuellen Partner oder einen homosexuellen Partner einlassen zu wollen. Ist diese Abwägung frei? Ja, der sexuellen Orientierung wird in der Regel „freiwillig" bejahend gefolgt, aber das sagt nur etwas über Handlungsfreiheit und nichts über Willensfreiheit (siehe oben): es besteht keine Alternativität. So stehen hinter dem „Ja-Wort" zahlreiche unfreie Abwägungsschritte, die durch Prägung festgelegt sind, auch wenn wir Menschen das nicht so wahrnehmen! Es klingt paradox: die Wahlfreiheit als Willensfreiheit beim „Ja-Wort" gibt es nicht. Es ist eine Illusion, die wir akzeptieren dürfen. Zudem: das „Ja-Wort" ist ein Ausdruck einer wunderbaren Handlungsfreiheit, insbesondere, wenn es sich um eine authentische Wahl des Partners/ der Partnerin handelt.

3.7 Handlungsfreiheit – mehr als die Freiheit des Bratenwenders

Wenn ich einerseits die Willensbildung als grundsätzlich unfrei bezeichne, andererseits Handlungsfreiheit als möglich charakterisiere, so muss ich konsequenterweise begleitend ein abweichendes Verständnis von Freiheit einführen, als dies üblich ist. Denn die Behauptung: „Ich bin frei, wenn ich so handele, wie es meinem Wollen entspricht" als Definition von Handlungsfreiheit würde implizit voraussetzen, dass der Mensch mit seinem Bewusstsein angemessen wahrnehmen kann, ob Handlung und Wollen übereinstimmen. Da aber unser Bewusstsein unser eigenes (authentisches) Wollen nur verzerrt und partiell begreifen und erfassen kann, muss die Aussage vorsichtiger ausfallen:

> Handlungsfreiheit liegt vor, wenn für einen Mensch unter den gegebenen inneren und äußeren Bedingungen seiner Lebenssituation die Chance besteht, seinen eigenen Willen ins Handeln umzusetzen.

Freiheit wird hier als Chance zum Handeln nach dem *eigenen* Willen (authentischem Wollen) begriffen. Damit wird dreierlei ausgesagt:

- Handlungsfreiheit steht nicht im Widerspruch zu einer unfreien Willensbildung!
- Ob die Chance auf Handeln entsprechend authentischem Wollen schließlich zur Wirklichkeit wird, liegt nicht in der Macht des Menschen!
- Diese Chance auf Handeln entsprechend authentischem Wollen kann groß oder klein sein, je nach Kompetenz und Selbstreflexion des Willensbildenden!

Der erste Spiegelstrich stellt klar, dass uns auch als Menschen, die den Bedingtheiten unserer Prägung und unserer biologischen Ausstattung unterworfen sind, die Chance auf zunehmende Kongruenz zwischen *authentischem Wollen* und *handlungswirksamen Wollen* gegeben ist. Der zweite Spiegelstrich ordnet Freiheit zugleich als „Einsicht in die Notwendigkeit", in das Annehmen des Gegebenen, ein. Der dritte Spiegelstrich ermutigt zur aktiven Lebensgestaltung durch Lernen und Kompetenzerwerb.

Das *authentische Wollen* ist ein Begriff, der abbilden soll, welches Handeln das individuelle Wollen eines Menschen wäre, der sein Selbst perfekt kennen würde. Also handelt es sich um einen theoretischen Begriff, der als Vergleichswert eine relative Einordnung der Handlungsfreiheit ermöglichen soll:

- Es ist natürlich nur Theorie, dass wir uns perfekt kennen könnten – es kann immer nur eine Annäherung an ein authentisches Wollen geben, denn unsere Selbstreflexion unterliegt den Beschränkungen des Bewusstseins, so dass wir als Menschen nie per Bewusstsein exakt wissen, was unser authentisches Wollen ist.
- Das, was wir authentisch wollen, ändert sich mit unserer persönlichen Erfahrung und Entwicklung. Das authentische Wollen ist also nicht ohne Abstraktion vom zeitlichen Bezug und vom situativen Bezug für die Praxis beschreibbar.

Der amerikanische Philosoph Peter McLaughlin interpretiert die Aussage von Immanuel Kant zur Handlungsfreiheit abweichend von der in diesem Essay verwendete Definition folgendermaßen: „Nur diejenigen Handlungen, die eine moralische Dimension haben, die aufgrund eines Sollens erfolgen, [können] frei genannt werden … Die Tatsache, dass ich meine Hand heben kann, wenn ich es will, beweist nur, dass ich die *Freiheit eines Bratenwenders* [kursiv; FK] habe.“

Die Sichtweise auf die Handlungsfreiheit in diesem Essay deckt sich nur in Teilen mit derjenigen von Immanuel Kant:

- In diesem Essay wird hervorgehoben, dass Selbstwahrnehmung und Selbstreflexion wichtige Voraussetzungen bei der Handlungsfreiheit beim Menschen sind. Eine solche Selbstreflexion beinhaltet – wie bei Kant – als zentrales Element „die moralische Dimension“ bei vielen Willensbildungen (vgl. Abschnitt 3.11), nicht jedoch bei allen.
- In diesem Essay ist die moralische Dimension, das Sollen, nicht durch einen universalen kategorischen Imperativ definiert, sondern durch die Referenz auf das Selbst, auf individuell verinnerlichte Werte. Diese können mit der Wertewelt in einem bestimmten Kulturkreis übereinstimmen, können jedoch auch abweichen!

- Nach dem in diesem Essay vorgestellten Gedankengebäude geht Selbstreflexion in die Willensbildung ein, führt in der Regel zu einer höheren Qualität der Willensbildung (Abschnitt 3.9), mündet jedoch grundsätzlich nicht in Willensfreiheit.
- Die Selbstreflexion kann bei deformierten verinnerlichten Werten in einer Person auch zum „Bösen" als dem Sollen führen.
- Somit ist menschliche Handlungsfreiheit nach dem Gedankengebäude in diesem Essay nicht an die Erfüllung eines *bestimmten* Sollens (also z. B. des kategorischen Imperativs, an das „Gute" oder an das „Böse") gebunden!
- Mit einer Annäherung an ein authentisches Wollen befreit sich der Mensch von denjenigen Determinanten und Prioritäten in seiner Willensbildung, die nicht (mehr) zu ihm gehören, also z. B. von nicht mehr passenden Elternbotschaften und bislang noch befolgten Manipulationen.

Der Mensch besitzt demnach in der Handlungsfreiheit deutlich mehr als die Freiheit des Kant'schen Bratenwenders. Wie auch bei Kant bedeutet ein an der Moral orientiertes Leben einen Zugewinn an Freiheit, falls diese Moral verinnerlicht („zu eigen gemacht") ist.

3.8 Willensfreiheit ist Illusion –
warum auch nicht?

Wenn ich die Willensfreiheit in Abrede stelle, dann behaupte ich zugleich, dass die Intuition vieler Menschen, nämlich, dass wir uns bei der Ausbildung unseres handlungswirksamen Wollens frei zwischen verschiedenen Optionen für handlungswirksames Wollen entscheiden könnten, in Wirklichkeit eine Illusion bedeutet. Diese Erkenntnis zum illusionären Charakter des freien Willens provoziert!

Der Schweizer Philosoph Peter Bieri hält es für unwahrscheinlich, dass Willensfreiheit eine Illusion wäre. „Schließlich könnte einer erschrecken, weil die Hirnforschung über Prozesse spricht, die hinter unserem Rücken vor sich gehen. Es gehört zur Freiheitserfahrung, dass uns unser Wollen spontan vorkommt. Und dann kann es ein Schock sein zu erfahren, dass auch hinter dem spontanen Willen eine neurobiologische Uhr tickt. Bedeutet das nicht, dass die Erfahrung von Freiheit eben doch eine bloße Illusion ist? Dass wir uns nur frei fühlen, es aber nicht sind? Nein. Nichts an unserer Erfahrung geschieht ohne physiologischen Hintergrund: nicht die Wahrnehmung, nicht das Denken, nicht das Fühlen. Doch niemand kommt auf die Idee, dass dieser physiologische Hintergrund den Gegenstand all dieser Erfahrungen zu bloßen Illusionen macht. Warum also beim Willen?"[47]

Bieri irrt: manche kommen durchaus auf die Idee, dass Illusionen auch beim Wahrnehmen, Denken und Fühlen eine Rolle spielen können und dürfen! Offensichtlich klammert er die Möglichkeit an menschliche Sinnestäuschungen (also Illusionen) als sinnvollen Auslöser physiologischer Reaktionen aus seinen Überlegungen aus.

---

47   https://www.spiegel.de/spiegel/a-336006.html; besucht 31.5.2024

Illusion hat eindeutig ein zu schlechtes Image – und wir sollten uns freundlich genehmigen, dass uns manche Illusionen im Leben weiterhelfen. Es scheint gerechtfertigt, bestimmte Illusionen wie die der Annahme von Willensfreiheit als psychologisches Phänomen mit physiologischen Folgen als hilfreich und lebensförderlich einzuordnen!

Auch bei den Tricks zur Tarnung und Täuschung in der Tier- und Pflanzenwelt spielen Illusionen eine wichtige Rolle. Hier werden – biologisch sinnvoll – Fehlwahrnehmungen genutzt, um zu überleben oder um Beute zu machen: Illusionen können hilfreich sein! Diese Tricks funktionieren auch beim Menschen.

Insofern muss die Erkenntnis: „Willensfreiheit ist eine Illusion" uns nicht demotivieren. Wenn wir bejahen, dass wir bestimmte Illusionen im Leben bereitwillig akzeptieren, öffnen wir uns der Chance, dass wir uns auch durch diese Illusion motivieren lassen.

Ein Beispiel: Die Schauspielerin erhielt immer wieder Komplimente wegen ihres „bezaubernden" Lächelns mit den ausdrucksvollen „Grübchen" um den Mund. Darauf war sie stolz – denn da war sie einzigartig. Aber klar, eigentlich ist „Stolz" hier gänzlich unangemessen. Denn die Schauspielerin hatte sich ja diese besondere Eigenschaft nicht mit ihrem *freien Willen* ins Gesicht gezaubert. Und dennoch: der Stolz auf ihre Attraktivität kann durchaus bestehen bleiben, sollte jedoch mit einem „Augenzwinkern" den Wesenszug des Menschen integrieren, dass auch unsere Illusionen unser Handeln, unser Denken, unsere Wahrnehmung und unser Ich-Gefühl beeinflussen dürfen. Wir müssen nicht alles *verdient* haben, um darauf stolz sein zu dürfen!

Die Abwertung der Illusion geht beim philosophisch-wissenschaftlichen Diskurs über die Willensfreiheit einher mit der Überbewertung der Vernunft und der Ratio.

Auch Religiosität mit dem Glauben an bestimmte Eigenschaften Gottes ist nach Sigmund Freund eine „Illusion".[48] Gott wird wahrscheinlich nicht in einem Erdbebengebiet die gottesfürchtigen Menschen verschonen und die „Abtrünnigen" bestrafen. Obwohl sie das wissen, hilft es vielen Menschen, an eine Hilfe von Gott in solcher Not zu glauben und zu beten. Dieser Glaube hilft – und ist aller Voraussicht nach in dem konkreten Bild eines aktiv in Menschenschicksale eingreifenden Gottes völlig illusorisch. Abweichend von Sigmund Freud sollten wir jedoch diese Illusion nicht eliminieren, sondern im Einklang mit Erich Fromm deren zentrale Bedeutung für den Menschen anerkennen[49]. Wir sollten uns nicht darüber lustig machen, stattdessen den Betenden respektieren und uns darüber freuen, dass bei manchen Menschen das Gebet Gemeinschaft und Gottvertrauen, somit Motivation bewirkt und somit psychologisch die Spannkraft herbeiführt, die tatsächlich in Notsituationen hilft!

Peter Handtke bestätigt die positive Bedeutung von Illusionen mit der Zuordnung eines feinsinnigen Wahrheitsbegriffs: „Lasst die Illusionslosen böse grinsen: die Illusion ist die Kraft der Vision, und die Vision ist wahr."[50]

Insbesondere für Philosophen, die dem Determinismus nahestehen, war das Dilemma zwischen Willensfreiheit und Kausalität schon immer bewusst. Obwohl Willensfreiheit nicht einfach mit den gültigen Naturgesetzen zu begründen war, musste Willensfreiheit als gegeben angesehen werden mit der (nicht gerechtfertigten) Annahme, nur dann dem Menschen moralische Verantwortlichkeit zurechnen zu können. Dabei war sich z.B. der Philosoph Hans Vaihinger durchaus bewusst, dass diese Unterstellung der Willensfreiheit auch nur *Fiktion* sein könnte –

---

48   Martin Fitz, Religion: Krankheit oder Bedürfnis?, Wien, 2020, Diplomarbeit

49   ebenda

50   ebenda

er vertrat die „Philosophie des Als Ob": „Denken ist nach Vaihinger ein Mittel zur Lebensbewältigung. Es lässt sich also die Vermutung aufstellen, dass das Postulat der Willensfreiheit lediglich eine praktische Fiktion darstellt, um sich berechtigt zu fühlen, andere verantwortlich zu machen", kommentiert Hendrik Walter.[51] Solche Fiktionen erlangen Bedeutung, »als ob« sie wahr seien, auch wenn sie der Denkkonstruktion bewusst widersprechen.[52] Es könnte sich also bei solchen Fiktionen durchaus um Illusionen handeln. Der zeitgenössische Philosoph Saul Smilansky entwickelte diese Idee weiter und stellte die These des *Illusionismus* auf. Danach geben wir uns gerne Illusionen über unsere Freiheit hin, die die Widersprüchlichkeiten zwischen Determinismus und Willensfreiheit auflösen. Insofern seien Illusionen hilfreich und nützlich.[53] Bei Smilansky wird Illusion im Gegensatz zur Auffassung von Kant nicht verworfen.[54] Sowohl Kant wie Vaihinger wie Smilansky benötigen die Fiktion beziehungsweise die Illusion beziehungsweise die ontologische These der Willensfreiheit jedoch in erster Linie, um die Zurechnung der Verantwortlichkeit des Menschen für sein Handeln zu begründen. Bei einer Entkopplung von Verantwortlichkeit und Willensfreiheit (Abschnitt 3.13) ist das Postulat der Willensfreiheit nicht erforderlich.

In diesem Essay haben Illusionen eine andere Bedeutung: die Willensbildung des Menschen ist grundsätzlich auch von Illusionen beeinflusst. Auch der Glaube, dass die Willensbildung

---

51 Henrik Walter, a.a.O.; S. 173

52 https://de.wikipedia.org/wiki/Hans_Vaihinger; besucht 26.05.2024

53 Henrik Walter; ebenda

54 Auch Kant löste den Widerspruch zwischen Determination und Freiheit nicht auf. Die Antinomie konnte bei ihm nur im Rahmen der praktischen Vernunft (nicht im Bereich der reinen Vernunft) adressiert werden: Da der Mensch zu moralischem Handeln fähig sei, müsse es Willensfreiheit geben.

selbst frei wäre, ist eine solche Illusion. Aber eben das erscheint mir durchaus akzeptabel. Und freier ist der Mensch, der darum weiß, dass wir Menschen Illusionen haben und Illusionen leben dürfen. Die Abschaffung der Illusion gehört nicht zur Wesenheit des Menschen. Dennoch bedeutet das Wissen um den Illusionscharakter der Willensfreiheit eine Befreiung und befördert ein moralischeres Menschenbild (Kapitel 5).

3.9 Spielräume und die Qualität der Willensbildung

Sehr häufig wird in Diskussionen bestätigt, dass Prägung (z.B. durch Elternhaus und Umwelt) sowie die situativen Bedingungen die Willensfreiheit in großem Maße einschränken, dass aber doch wohl noch immer „ein kleiner Spielraum" für diese Freiheit anzunehmen sei. Deshalb beschäftigt sich dieser Abschnitt mit der Frage nach möglichen Spielräumen für Willensfreiheit. Das Ergebnis muss aber lauten: ein solcher Spielraum gehört zur Illusion (Abschnitt 3.8).

Und dennoch: Auch wenn die Willensbildung unfrei erfolgt, gibt es ja handlungswirksames Wollen, das entweder über reflektierte und sorgsame Abwägung oder aber spontan und mit wenig differenziertem Bewusstsein entwickelt wurde. Tatsächlich existiert eine Spanne von mehr oder weniger qualifizierter Willensbildung, was sich dann auf das Ausmaß von Handlungsfreiheit auswirkt. Dieses Mehr oder Weniger an Qualität der Willensbildung, das auch als reifere oder weniger reife Willensbildung eingeordnet werden könnte, korrespondiert mit dem *Erlebnis* einer begrenzten Willensfreiheit, dem gefühlten, jedoch als Illusion identifizierten Spielraum der Willensfreiheit. Dieser Gedanke wird ebenfalls in diesem Abschnitt erläutert.

„Willensfreiheit – warum nicht wenigstens ein bisschen?"

Es gibt zwei Hauptgründe, warum in dieser Konzeption Willensfreiheit *kategorisch* ausgeschlossen wird und nicht graduell „als mehr oder weniger vorhanden" gesehen wird:

1.) Der Einfluss des Unterbewusstseins und Unbewusstseins auf das Bewusstsein und die bewusstseinsbegleitete Willensbildung ist grundsätzlich nicht kontrollierbar!

2.) Eine Alternativität („Das Vermögen, sich unter gegebenen Umständen so oder anders zu entscheiden"), wie es als Charakteristik der Willensfreiheit verstanden wird, ist dem Menschen grundsätzlich nicht gegeben!

Zum ersten Grund: Einfluss des Unterbewusstseins und Unbewusstseins

- Willensfreiheit würde voraussetzen, dass die Willensbildung *vollständig* von einem freien Bewusstsein kontrolliert/gesteuert wird.

- Die abwägende Willensbildung ist regelmäßig vom Unbewusstsein und Unterbewusstsein beeinflusst. Dieser Einfluss ist im Ausmaß nicht mit dem Bewusstsein erkennbar und führt so *grundsätzlich* zu einer unfreien (nicht mit dem Bewusstsein adäquat kontrollierbaren) Entscheidung für das handlungswirksame Wollen (Abschnitt 3.4).

- *Kleine Einflüsse* durch das Unbewusste und Unterbewusste müssten nicht unbedingt zu einer anderen Handlungsoption als jener führen, die uns das Bewusstsein auch ohne Beeinflussung durch das Unbewusste und Unterbewusste vorschlagen würde. Für diesen Fall könnte man theoretisch von einer *eingeschränkten Willensfreiheit* sprechen, weil die Verzerrung die bewusste Willensbildung vom Ergebnis her nicht verändert. Das Ergebnis wäre dann zwar nicht mit freiem Willen, jedoch – wegen nur leichter Verzerrung des Bewusstsein – mit „weitgehend freien Willen" zustande gekommen.

- Da jedoch das Ausmaß des Einflusses von Unterbewusstsein und Unbewusstsein bei der Willensbildung nicht ausreichend erfasst werden kann, ist grundsätzlich nicht abgrenzbar, unter welchen Umständen das Ausmaß der Verzerrung zu einer Änderung in der Priorisierung von Handlungsoptionen führt. Damit ist nicht angebbar, wann eine eingeschränkte Willensfreiheit (kein Optionswechsel durch Einschränkungen bei der Abwägung) in eine eindeutig unfreie Abwägung „umkippt" (mit der unkontrollierbaren Folge, dass eine eigentlich nicht gewollte Handlungsoption zum handlungswirksamen Wollen wird, also einer auch im Ergebnis unfreien Willensbildung).

- Gerade in Dilemma-Situationen (bei denen eine Person zwischen zwei Handlungsoptionen „hin- und hergerissen" ist, die sehr unterschiedliche Konsequenzen beinhalten) würde bereits ein kleiner Einfluss des Unterbewusstseins oder des Unbewusstseins unbemerkt vom Bewusstsein zum Wechsel der Handlungsoption führen können. Kleine Verzerrungen des Bewusstseins hätten also entscheidende Wirkung. Dies belegt, dass die Idee einer „nur geringfügig eingeschränkten Willensfreiheit" durch „kleine nicht vom Bewusstsein kontrollierbare Einflüsse" immer das Risiko beinhaltet, zu unfrei gewählten Handlungsoptionen zu führen.

- Man sollte also nicht von einer nur leicht eingeschränkten Willensfreiheit sprechen, wenn auch leichte Beeinträchtigungen des Bewusstseins durch das Unterbewusste und Unbewusste in der Folge ebenso massive Folgen haben können wie starke Beeinträchtigungen des Bewusstseins und wenn „leichte" vs. „starke" Beeinträchtigungen nicht hinreichend differenzierbar sind.

Zum zweiten Grund: Alternativitätskriterium ist nicht erfüllt

Selbst wenn als Gedankenexperiment angenommen würde, dass die Willensbildung ohne Verzerrungen des Bewusstseins und ohne unkontrollierbaren Einfluss des Unterbewusstseins oder des Unbewusstseins zustande gekommen wäre, ist das handlungswirksame Wollen auch deshalb nicht frei, weil das Alternativitätskriterium nicht erfüllt ist: die willensbildende Person hat nicht das Vermögen, sich unter den gegebenen Umständen so *oder anders* zu entscheiden!

- Das Alternativitätskriterium verlangt, dass die Maßstäbe in der abwägenden Willensbildung in der Auswahl und in der Gewichtung situativ vom Willensbildenden frei verändert werden könnten, so dass andere Priorisierungen von Handlungsoptionen resultieren könnten. Dies ist nicht möglich (Abschnitt 3.4; vgl. auch das Paris-Interview in Abschnitt 3.7).

- Bei (annähernd) ambivalenten Bewertungen von zwei Handlungsoptionen könnte der leicht mögliche Wechsel von einer Handlungsoption auf die ähnlich bewertete andere Handlungsoption als Bestätigung der Alternativität verstanden werden. Für Ambivalenzsituationen sind jedoch die Begriffe der Alternativität und der Willensfreiheit nicht entworfen worden! Es stellt in diesem Sinne keinen „Spielraum" dar, wenn durch Zufall und marginale situative Einflüsse meist unterbewusster Faktoren in einer Situation Handlungsoption A statt Handlungsoption B gewählt wird oder umgekehrt. (Solche ambivalenten Situationen werden gerne als – allerdings ungeeigneter – Beleg für Willensfreiheit vorgetragen: „Natürlich kann ich ebenso gut mich für das Erdbeermarmeladebrot entscheiden wie für das Himbeermarmeladebrot, verfüge also Freiheit durch meine Alternativität bei der Wahl").

- In Dilemma-Situationen liegen Handlungsoption A und Handlungsoption B in der Abwägung ebenfalls nahe beieinander. Wenn jemand in einer Notlage nur entweder den einen oder den anderen Menschen retten kann, steht der willensbildende Retter in einem Dilemma! Wir könnten also von Alternativität sprechen, wenn die Zerreißprobe besonders groß ist (Die Entscheidung kann gleichermaßen für Handlungsoption A wie B fallen). Aber gerade in dieser Situation wäre es vermessen zu glauben, dass das steuernde Bewusstsein den Ausschlag gibt – stattdessen ist anzunehmen, dass letztlich unterbewusste und unbewusste Faktoren (also Faktoren, die nicht frei kontrollierbar einwirken) die Wahl entscheiden, da das Bewusstsein uns keine eindeutige Priorität liefert.

- Es wird nochmals auf Schopenhauer verwiesen: „… du kannst in jedem gegebenen Augenblick deines Lebens nur ein Bestimmtes wollen und schlechterdings nichts anderes als dieses eine." (Abschnitt 3.2). Wenn dieser Satz gilt, gibt es nur einen Weg, die Idee von Willensfreiheit aufrecht zu erhalten: Die Definition müsste geändert werden und wir müssten auf Alternativität als Definitionskriterium von Willensfreiheit verzichten! Diese Änderung der Begrifflichkeit sollte jedoch verworfen werden (vgl. Abschnitt 3.15).

Zwei Spielräume – hier irrt Ernst Tugendhat

„Bei der Willensfreiheit stehen wir … vor einer neuen Situation. Wir haben es jetzt nicht nur mit meinem Wollen zu tun, sondern damit, dass ich mich zu meinem Wollen so oder so verhalten kann. Ich kann im Hinblick auf Gründe – auf ein Konzept des Guten … hin – , meine unmittelbaren Wünsche suspendieren. Und damit hängt zusammen, dass ich mich und dass andere mich dafür verantwortlich machen können, dass ich sie nicht suspendiert habe. Es zeigte sich dann, dass das immer in einem Spielraum geschieht. Ich stehe in zwei Arten von Spielräumen, erstens in einem Spielraum des Überlegens, des Abwägens von Gründen, zweitens in einem Spielraum von stärkerem oder schwächerem Ausgerichtetsein auf mein Ziel, und habe dabei das Bewusstsein: es liegt an mir, wie ich abwäge, es liegt an mir, wie stark ich mich auf das Ziel konzentriere. Entsprechend wird mir, wenn man mich verantwortlich macht, vorgehalten: ‚Du hättest besser abwägen können, du hättest an deinem Ziel stärker festhalten können; es lag an dir.‘ In diesem ‚es lag an dir‘ ist impliziert, dass der normale Kausalfluss von Motiven zu Handlungen unterbrochen ist und an seine Stelle ich trete: Ich habe das und das getan, und auf die Frage ‚warum ist das geschehen?‘, macht man mich verantwortlich statt den motivationalen Bedingungen. Gewiss gab es ursächliche Bedingungen, aber gleichwohl wird die Art, wie ich mich innerhalb des Spielraums verhalten habe, als ausreichend entscheidend angesehen, um mich für verantwortlich zu halten. Dieser Stop in der Warumfrage erscheint merkwürdig genug, so dass wir darauf gefasst sein müssen, dass es sich um einen Schein handelt, aber er ist das, was sowohl in der Zuweisung von Verantwortung als auch in der Selbsterfahrung impliziert ist.“[55]

Tugendhat stellt mehrere Postulate auf und vernachlässigt Aspekte, die seinen Gedankenansatz insgesamt als ungeeignet erscheinen lassen:

- Der Spielraum des Überlegens, des Abwägens von Gründen, als Freiraum (!) erweist sich nach den hier vorgestellten Argumenten (Abschnitt 3.4) als nicht gegeben.
- Der Spielraum eines stärkeren oder schwächeren Ausgerichtetseins auf ein Ziel als Freiraum (!) erweist sich nach den

---

55 Ernst Tugendhat: Willensfreiheit und Determinismus, in: Konrad Paul Liessmann, Die Freiheit des Denkens; Wien, Paul Zsolnay Verlag, 2007

hier vorgestellten Argumenten (Abschnitt 3.4) als nicht gegeben.

- Es fehlt die Plausibilität, dass der Mensch frei (!) einzelne Wünsche suspendieren kann. Wünsche können zwar teilweise während der Abwägung suspendiert werden oder als weniger bedeutsam gewichtet werden – wir haben jedoch hierbei keine Freiheit (dieser Abschnitt 3.9).

- Zurechnung und Übernahme von Verantwortung sind nicht abhängig von solchen Spielräumen (Abschnitt 3.13). Die Frage „warum ist das geschehen?" erlaubt tatsächlich Zurechnung und Übernahme von Verantwortung. „Es lag an Dir" bedeutet jedoch *nicht* (!) zugleich: „Du hättest besser abwägen können, du hättest an deinem Ziel stärker festhalten können". In der Verknüpfung der letzten beiden Sätze liegt der zentrale Irrtum in der Argumentation von Tugendhat!

- Tugendhat öffnet jedoch seine Überlegungen mit dem Hinweis auf eine mögliche Illusion bei der von ihm angenommenen Freiheit: „wir [müssen] darauf gefasst sein …, dass es sich um einen Schein handelt, aber er ist das, was … in der Selbsterfahrung impliziert ist". Eben hier liegt die Brücke zum Unbewussten und Unterbewussten, die Tugendhat jedoch bedauerlicherweise nicht weitergehend analysiert.

Kein Spielraum, weil das Bewusstsein kein freies Abwägungshilfsmittel ist

Für Spielräume der Willensfreiheit wäre es erforderlich, a) dass unser Bewusstsein uns einen weitgehend verlässlichen Indikator dafür liefert, was unser authentisches Wollen ist, b) dass wir mit Hilfe des Willens Maßstäbe, die uns das Bewusstsein für die abwägende Willensbildung liefert, gezielt während des Willensbildungsprozesses ändern können (Alternativität). Beides ist nicht der Fall:

Das menschliche Bewusstsein ist ein fantastisches Instrument: es hilft bei der Willensbildung, ermöglicht das Nachdenken über sich selbst, liefert kreative Handlungsoptionen, erlaubt es, die eigenen Fähigkeiten wahrzunehmen und stellt Rückmeldungen über die Befindlichkeit einer Person bereit. Der Mensch hat jedoch mit dem Bewusstsein ein Instrument für die Willensbildung zur Verfügung, das er niemals genau kennen kann und kennen wird. Der Programmierer dieses mentalen Tools ist das Selbst des Menschen und eben dieses Selbst kann der Mensch nicht kennen. C.G. Jung sagt: „Das Ich ist [nur] das, was vom Selbst dem Ich bewusst wird." (Abschnitt 3.5). Dieses Bewusstsein kann uns beträchtlich in die Irre leiten. Dazu wurde bereits Albert Newen zitiert: „Systematische Fehlbewertungen der eigenen Eigenschaften und Fehler sind bis zu einem gewissen Grad normal" (Abschnitt 3.5). Somit ist das Bewusstsein ein vertracktes Instrument, das sich der Kontrolle des Menschen entzieht und das sich listenreicher Methoden bedient: Wenn es dem Schutz zu dienen scheint oder dem Vorteil, liefert das Bewusstsein verfälschte Selbsteinschätzungen, bietet Illusionen an, um die Motivation für das Handeln zu stärken, liefert Maßstäbe für „gut" und „böse", „richtig" und „falsch" an, die z.B. durch kulturelle Prägungen und im Unterbewusstsein verankerte Erfahrungen verzerrt sind. Um die Botschaften des Bewusstseins bei der Willensbildung gegebenenfalls von solchen Verfälschungen, Verzerrungen und Illusionen zu befreien, könnten wir nur mit dem Bewusstsein das Bewusstsein kontrollieren wollen – was etwa der Aufgabe von Baron von Münchhausen entsprach, der sich am eigenen Schopfe aus dem Sumpf ziehen wollte. Im Ergebnis: der Mensch besitzt keinen freien Willen, weil er sein Bewusstsein nicht kontrollieren kann!

Das Selbst wird nur indirekt durch den Antrieb und die Gabe des Lernens geändert: ob wir lernen, was wir lernen und in welchem Ausmaß wir lernen, ist nicht frei mit dem Bewusstsein steuerbar! Eine Änderung des Selbst durch Lernen wird allerdings mit einer Änderung des Bewusstseins einhergehen.

So erweist sich die Willensfreiheit grundsätzlich als Illusion (Abschnitt 3.8), also kann es auch keinen Spielraum für eine eingeschränkte Willensfreiheit geben.

„Qualität der Willensbildung" statt „Spielraum für Freiheit"

Die Illusion der Willensfreiheit ist unter anderem dadurch bedingt, dass unsere bewusste Wahrnehmung uns signalisiert: wir können sehr wohl verschieden qualifizierte Entscheidungen treffen oder eine Auswahl unterschiedlich überlegt vornehmen: ist das nicht jener Spielraum? So würden viele Menschen eine Entscheidung als freiere Wahl empfinden, wenn sich ein Autofahrer an einer roten Ampel entscheidet anzuhalten, als wenn er trotz Verbot weiterfährt. Soll etwa jede dieser Entscheidungen (unqualifiziert oder qualifiziert; unüberlegt oder überlegt; unreif oder reif; kindlich oder erwachsen) als gleichermaßen unfrei eingeordnet werden? Dagegen sträubt sich unsere Wahrnehmung!

Dazu ist festzuhalten:

- Die Wahrnehmung einer Willensfreiheit bleibt Illusion, ob die Willensbildung nun qualifizierter oder weniger qualifiziert erfolgte. Wahrnehmung von Freiheit bedeutet nicht unbedingt Freiheit – das ist das Charakteristikum einer Illusion.

- Wenn wir aber der Illusion der Willensfreiheit einen Platz einräumen wollen – und das ist durchaus der Fall – dann kann die wahrgenommene Willensfreiheit (Illusion) durchaus ein unterschiedliches Ausmaß besitzen, also graduell als weitgehend frei oder weniger frei wahrgenommen werden. Das entspricht einer abgestuften Illusion.

- Außerdem wirkt sich die unterschiedliche Qualität der Willensbildung durchaus darauf aus, dass bei einer Willensbildung mit höherer Qualität die Chance größer ist, dass ich mich so entscheide, wie es meinem authentischen Wollen entspräche, als wenn nur eine unqualifizierte Willensbildung erfolgte: mit einer hohen Qualität der Willensbildung erlange ich also mehr *Handlungsfreiheit*!

In der folgenden Abbildung 6 sind diese Bedeutung einer Willensbildungsqualität auf das Ausmaß der wahrgenommenen Willensfreiheit (Illusion) ebenso schematisch dargestellt wie die Auswirkung auf das Ausmaß der für den Menschen vorhandenen Handlungsfreiheit.

Auch wenn der Wille unfrei gebildet wurde, kann er näher charakterisiert werden: wieviel Einschränkungen, wieviel Übereinstimmung mit den eigenen Fähigkeiten und wieviel Selbstreflexion, wieviel bewusste Überlegung stecken im Ergebnis der (kategorisch unfreien) Willensbildung? Es wird vorgeschlagen, die graduellen Unterschiede als „Qualität der (unfreien) Willensbildung" zu erfassen.

Zu dieser schwierigen Differenzierung nochmals ein Beispiel: Eine Person möchte 200 Jahre alt werden. Dazu testet sie verschiedene Strategien aus: Ernährung, Meditationstechniken und körperliche Fitnessprogramme. Manche Handlungsoptionen wie die veränderten Ernährungsgewohnheiten verlängern die Lebenserwartung und bedeuten in Bezug auf das Ziel (200 Jahre Lebensdauer) eine Qualitätsverbesserung. Zugleich bedeuten alle diese Handlungsoptionen (bessere Ernährung, Meditationstechniken und körperliche Fitnessprogramme) vielleicht für die Person, die 200 Jahre alt werden will, jedoch auch eine Lebensweise, die ihr unabhängig von der Lebenserwartung viel Selbstzufriedenheit und Ausgeglichenheit gibt. Das Ergebnis: Das Ziel, 200 Jahre alt zu werden, können wir nicht errei-

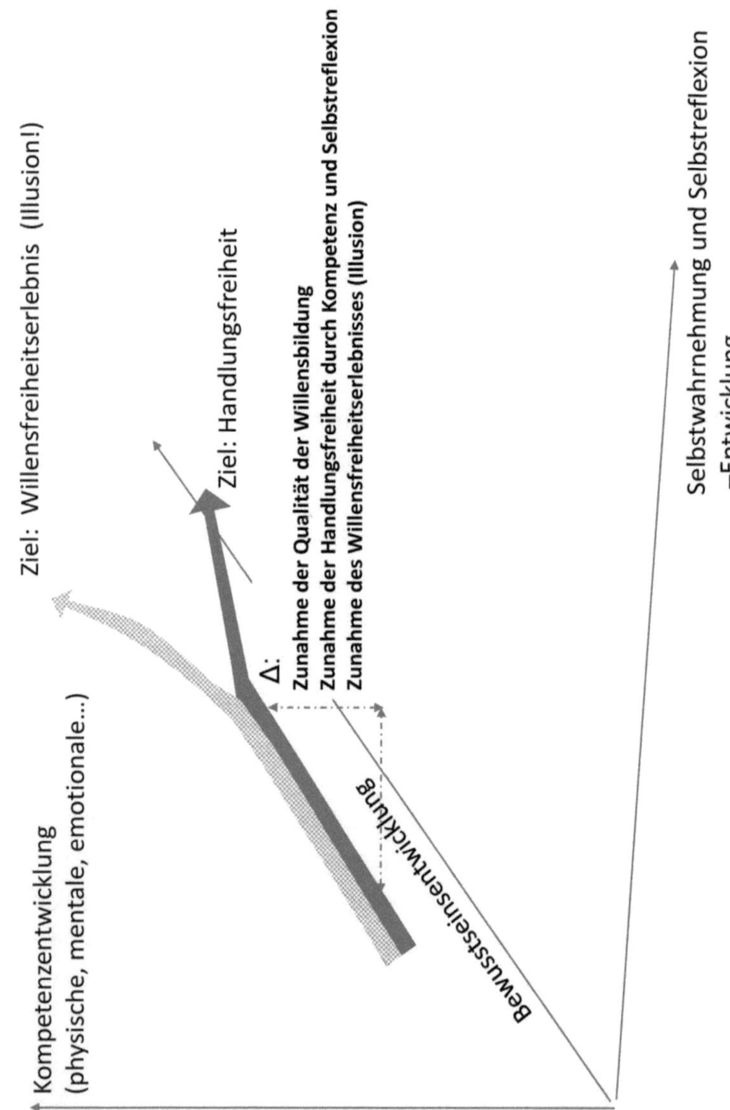

Abbildung 6: Veränderung von (wahrgenommenen) Freiheiten und der Willensbildungsqualität in Abhängigkeit von Kompetenz-, Selbstreflexions- und Bewusstseinsentwicklung bei der Willensbildung (der abwägenden Auswahl von Handlungsoptionen), schematisch

100

chen (kategorisch ausgeschlossen; das wäre analog zur hier kategorisch ausgeschlossenen Willensfreiheit). Es gibt jedoch Handlungsoptionen, die in der Tendenz die Qualität der Willensbildung verbessern. Mit mediterraner Kost und wenig Alkohol ist diese Qualität besser als mit Couch und Kartoffelchips, weil die Lebenserwartung statistisch steigt, völlig unabhängig davon, ob das Ziel der 200 Jahre erreichbar ist oder nicht. Zugleich trägt bei dieser Person die Ernährung und Lebensweise auch erheblich dazu bei, dass ein ganz anderes Ziel (!) tendenziell erreicht wird (mehr Handlungsfreiheit durch Umsetzung eines authentischeren Lebensstils bei mehr Qualität in der Willensbildung).

Die folgende Abbildung 7 greift diese Thematik nochmals unter dem Blickwinkel der Handlungsfreiheit auf. Es gibt drei Möglichkeiten, wie die Unfreiheit sich auswirkt:

Fall A: Die Kompetenz der Person für das, was ihr „handlungswirksames Wollen" ist, reicht nicht aus. Das ist dann in der Regel verbunden mit einer mangelnden Selbsteinschätzung ihrer Kompetenz (bezogen auf den Zeitpunkt der geplanten Umsetzung). Folglich ist die Handlung weniger frei, weil die Person (aufgrund mangelnder Kompetenz) eine reduzierte Chance hat, das zu tun, was sie will.

Fall B: Die Kompetenz der Person für das, was ihr „handlungswirksames Wollen" ist, reicht aus, aber die Person ist fremdbestimmt und hat vielleicht „ein schlechtes Gewissen" bei dem resultierenden Handeln oder überfordert „eigentlich" die persönliche physische, mentale oder emotionale Kapazität mit dem resultierenden Handeln. Dann setzt sie zwar die Handlung um, die ihrem „handlungswirksamen Wollen" entspricht, ist jedoch deshalb nicht frei, weil sie eigentlich etwas anderes tun würde, wenn sie denn authentisch handeln könnte (bezogen auf den Zeitpunkt der geplanten Umsetzung). Folglich ist die ergriffene

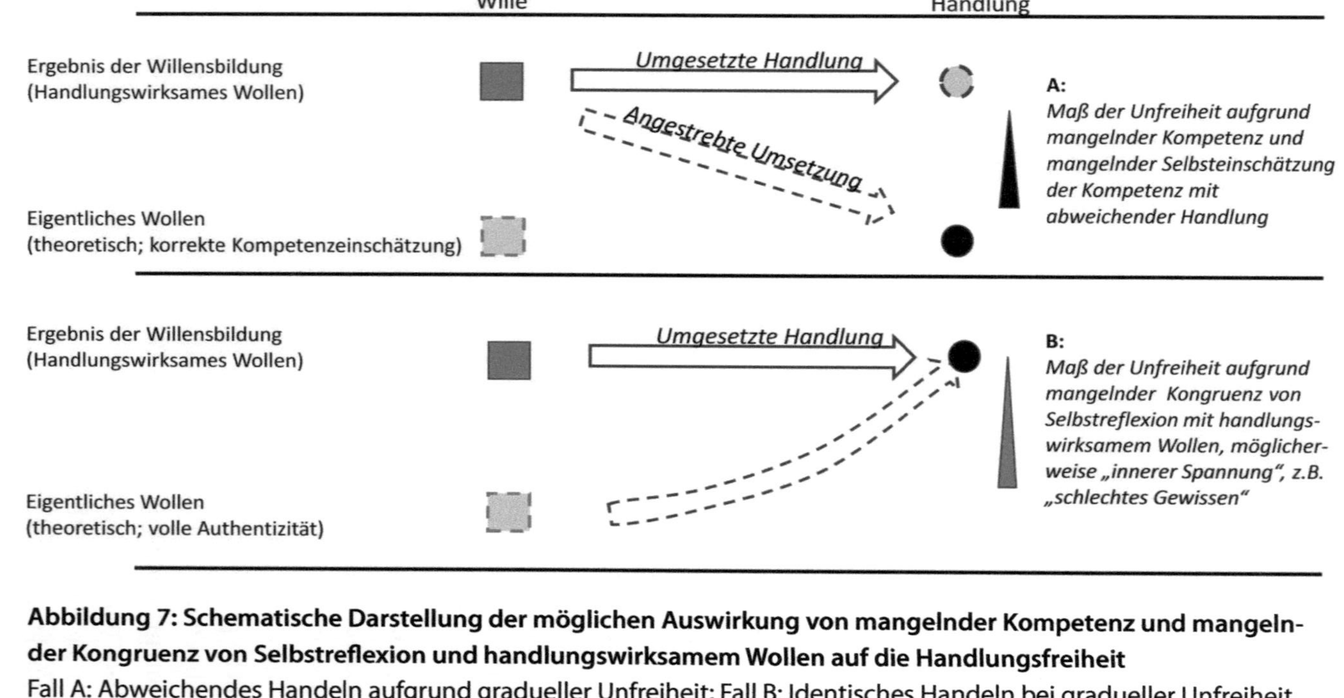

Abbildung 7: Schematische Darstellung der möglichen Auswirkung von mangelnder Kompetenz und mangelnder Kongruenz von Selbstreflexion und handlungswirksamem Wollen auf die Handlungsfreiheit
Fall A: Abweichendes Handeln aufgrund gradueller Unfreiheit; Fall B: Identisches Handeln bei gradueller Unfreiheit (Erläuterung im Text)

Handlung weniger frei, weil die Person (aufgrund mangelnder Kongruenz zum Ergebnis der Selbstreflexion) eine reduzierte Chance hat, das zu tun, was sie eigentlich will.

Fall C (nicht in der Abbildung): bisweilen dürfte ein Mischfall resultieren, wo das Handeln nicht (ganz) frei ist, weil a) keine volle innere Übereinstimmung mit der konkreten Umsetzung besteht, weiterhin vielleicht b) die Kompetenz nicht (ganz) korrekt eingeschätzt wurde, sodass dann dadurch das Ergebnis des Handelns (qualitativ und/oder quantitativ) (etwas) von dem abweicht, was mit dem „handlungswirksamen Wollen" umgesetzt werden sollte.

Bei der Charakterisierung der Handlungsfreiheit macht also eine graduelle (halbquantitative) Skala Sinn: Wir können auch ohne Willensfreiheit in unseren Handlungen „weitgehend" oder aber „nur wenig" frei sein. Das hängt vom (graduellen) Ausmaß unserer Kompetenz und Selbstreflexion ab. Die „Qualität der (unfreien) Willensbildung" spiegelt sich in der unterschiedlichen Chance, mit dem handlungswirksamen Wollen das eigene (authentische) Wollen in Handlung umzusetzen (vgl. Abbildung 7).

Ohnmächtige Willensbildung?

Wenn wir keine Willensfreiheit besitzen, so mag der Prozess der Willensbildung des Menschen wie das ohnmächtige Agieren unter dem Befehl von Prägung und Genen verstanden werden. Der Mensch scheint in seinem Handeln zum passiv-gelenkten Marionettendasein verdammt, wenn es sich, wie in Abschnitt 3.4 beschrieben, der freien Entscheidung der Person z. B. entzieht,

- was ihr Wollen ist und wie stark dieses Wollen ausgeprägt ist,
- ob ihr unmittelbares (spontanes) Wollen im Zuge des Abwägungsprozesses modifizierbar /suspendierbar ist oder nicht,

- dass das Unterbewusstsein in unkontrollierbarem Ausmaß das bewusste Denken und die bewusste Willenssteuerung beeinflusst etc.

So ist verständlich, dass viele Philosophen deshalb den Gedanken der fehlenden Willensfreiheit ablehnen, obwohl sie allen den beschriebenen Bedingtheiten zustimmen. Es ist also scheinbar nicht auszuhalten, dass wir Menschen einfach nur das machen können und müssen, was uns gegeben ist. Denn die vermeintliche Folge der fehlenden Freiheit scheint Demotivation – ohne Willensfreiheit fehlt der Antrieb zum Wachsen wollen, zur Entfaltung. Aus diesem Grund werden aus meiner Sicht wenig plausible und widersprüchliche philosophische Konzepte geboren, die eine angebliche (begrenzte) Willensfreiheit aufrechterhalten sollen. Einfach weil die Menschen diese Willensfreiheit brauchen würden!

Dem sind vier Dinge entgegenzuhalten:

- die in diesem Essay vorgestellte Handlungsfreiheit beinhaltet in indirekter Weise eine plausible Vorstellung dazu, dass Wachstum, Entfaltung und vor allem ein Leben in größerer Kongruenz mit unserem Selbst, also ein authentischeres Leben, auch ohne Willensfreiheit möglich ist. Der Hebel dafür liegt im Lernen, das zu einer besseren Qualität der Willensbildung, zu mehr Meinigkeit des handlungswirksamen Wollens führen kann: dies ist der Motivator, um sich (mittels Lernen) mehr körperliche, geistige, emotionale und moralische Kompetenz anzueignen. Dieses Lernen (mit dem naturgegebenen Antrieb zum Lernen) liefert uns die *Befreiung aus der Ohnmacht*!

- Für viele Menschen mag auch die Illusion der Willensfreiheit ein wichtiges Hilfsmittel sein. In diesem Essay wird die Auffassung vertreten, dass das Handeln nach Illusionen zum Wesen des Menschen gehört und dass es sinnvoll ist, Illusionen einen Platz in unserem Leben zu geben (Abschnitt 3.8). Auch wenn Illusionen als Illusion erkannt sind, können diese weiterhin Lebensantrieb und eine Motivation zum Wachsen liefern. Das Anerkennen dieses sinnvollen Tricks der Natur (Wissen um eine Motivation durch Illusion) erscheint mir bereits ein Zugewinn an Freiheit.

- Gefühle hängen nicht von Definitionen ab! Wenn im vorliegenden Gedankengebäude geschlussfolgert wird, dass es keine Willensfreiheit gibt, dann ist dies eine Einordnung zu einer *bestimmten Definition* von Willensfreiheit (Abschnitt 2.3). Ein Gefühl der Willensfreiheit beim Leser oder der Leserin lässt sich damit nicht wegdiskutieren und soll nicht wegdiskutiert werden! Das Gefühl mag in Teilen auf einer Illusion von Freiheit basieren, kann aber auch darauf gründen, dass die wahrgenommene „Willensfreiheit" in diesem Essay als „Handlungsfreiheit" bezeichnet wird oder sich zumindest teilweise in dem hier vorgestellten Verständnis von Handlungsfreiheit widerspiegelt (Abschnitt 3.15). Insofern sollte sich die Kritik an diesem Gedankengebäude nicht notwendigerweise an einem Widerspruch zur gewählten Begrifflichkeit manifestieren.

- Schließlich ist das Anerkennen einer fehlenden Willensfreiheit (bei gleichzeitig vorhandener Handlungsfreiheit und ggfls. Akzeptanz, dass Illusionen ein sinnvolles, lebensförderndes Phänomen der Motivation sein dürfen) ein wichtiger Schritt zu einer Demut, die nicht mit Ohnmacht verknüpft sein muss. Es bedeutet vielmehr die Anerkennung der *Freiheit des Geschöpfs.* So wie wir die „Unfreiheit" akzeptieren, dass wir atmen, uns ernähren, uns fortpflanzen und verdauen, bedeutet eine Einsicht in solche Notwendigkeiten nicht zwangsläufig den Verlust von innerem Antrieb, den wir ja auch für das handlungswirksame Wollen dieser unfrei entstehenden Handlungen dringend benötigen!

3.10 Von Tieren und Menschen: Freiheit in der Evolution

Willensfreiheit wird dem Menschen gerne als spezielle Fähigkeit zuordnet, die ihn vom Tier unterscheide. Ich versuche im Folgenden die Frage anzusprechen, was denn in der Evolution diesbezüglich tatsächlich die großen Gemeinsamkeiten und die zentralen Unterschiede zwischen den Spezies ausmacht und insbesondere die Frage auszuleuchten, welche Freiheiten denn der Mensch möglicherweise hat, die das Tier nicht besitzt.

Wenn wir unserer Hauskatze Trockenfutter und Nassfutter hinstellen, wählt sie in der Regel zunächst das Nassfutter. Unsere Katze bevorzugt allerdings dann Trockenfutter, wenn es sich bei dem Nassfutter um Entenpastete handelt. Die Auswahl des Futters kann als Willensakt beschrieben werden, wenn auch beim Tier vermutlich dieser Willensakt nicht bewusstseinsbegleitet ist. Die Katze hat Handlungsfreiheit: das Handeln (Fressen) basiert auf der Auswahl eines Futterangebots (Optionswahl), wobei Wahlmöglichkeit bei den Handlungsoptionen besteht, wenn wir ihr zwei Schälchen mit verschiedenem Futter hinstellen. Die Willensbildung selbst, also der Prozess, wie die Präferenz und Auswahl des spezifischen Futters entsteht (die Prioritätsbildung zwischen den beiden Schälchen), würden wir bei der Katze nicht als frei ansehen (keine Willensfreiheit).

Die Tierforschung hat ergeben, dass Tiere die Auswahlmöglichkeit *an sich* „zu schätzen wissen". Bei vielen Tierspezies kann gezeigt werden, dass das Wohlbefinden deutlich steigt, wenn sie die Wahl haben, unabhängig davon, ob sie die Wahl auch ausnutzen (vgl. Kasten: Die Höhle des Bären). Einengung der Wahl auf eine einzige Zwangsoption bedeutet Stress! Es rechtfertigt sich deshalb auch, bei einer Auswahlmöglichkeit zwischen mehreren Optionen von einem Beitrag zur Handlungs*freiheit* zu sprechen, weil die Wahlmöglichkeit die Chance vergrößert, das Futter zu wählen, die dem individuellen Willen entspricht. So wurde in diesem Essay Handlungsfreiheit definiert (Abschnitt 2.3).

> ## Die Höhle des Bären:
> ## Wahlmöglichkeit gibt Glauben an Kontrollierbarkeit und bedeutet Wohlergehen
>
> Lebewesen bevorzugen die Verfügbarkeit unterschiedlicher Reaktionen und Möglichkeiten für ein variables Verhalten. Diese Beobachtung könnte mit evolutionären Vorteilen verknüpft sein. Zum Beispiel würde im Fall des Verlustes von Beute an Konkurrenten möglicherweise eine größere Überlebenschance gegenüber anderen Lebewesen bestehen, wenn diese nur eine einzige Nahrungsquelle zur Verfügung haben. Viele Tierspezies bevorzugen es, wenn sie zwei oder mehr Optionen statt nur einer einzigen haben, auch wenn sie in entsprechenden Tests für das Mehroptionen-Szenario keine Belohnung erhalten.
>
> Polarbären demonstrierten weniger stereotypes Verhalten und mehr gemeinsame Spielaktivitäten, wenn sie grundsätzlich Zugang zu privaten Höhlenplätzen hatten im Vergleich zur Situation ohne solche möglichen Rückzugsorte als Option. Dabei nutzten sie in kaum mehr Fällen diese privaten Höhlenplätze, wenn diese ihnen zugänglich waren (2 % Anstieg). Die Forscher schließen daraus, dass das Wohlergehen in erster Linie mit der Wahlmöglichkeit und nicht mit der Höhlennutzung direkt verknüpft ist.
>
> **Quelle:** Maisy D. Englund, Katherine A. Cronin, Choice, control, and animal welfare: definitions and essential inquiries to advance animal welfare science, Front. Vet. Sci., 02 August 2023; Sec. Animal Behavior and Welfare, Volume 10 – 2023

Die antriebsgesteuerten Aktivitäten des Tieres beschränken sich nicht nur auf bereits vordergründig als lebenserhaltend erkannte Handlungen wie Nahrungsaufnahme oder Fortpflanzung. Auch das Spielen und Sozialverhalten erfolgt z. B. beim Tier auf inneren Antrieb. Wir können auch hier von einem nicht bewusstseinsgesteuerten Willen sprechen. Der Hund will den Stock apportieren und fühlt sich wohl dabei, wenngleich das Wohlfühlen vom Hund wohl nicht *bewusst* wahrgenommen wird. Der Hund handelt freiwillig ohne freien Willen. Gefühle der Freude, des Genusses, des Stresses etc. werden vom Tier nach derzeitigem Kenntnisstand weitgehend unbewusst erlebt. Natürlich sind auch Genussbefriedigung und Befriedigung des Spieltriebs indirekt lebensförderlich.

Die vom Tier gewählte Handlungsoption muss nicht immer zum „Erfolg" führen, also dazu, dass das Tier tatsächlich das erreicht, was es mit seinem unbewussten Willen, seinem instinktiven Antrieb, erreichen wollte. Die Chance, dass das Handeln dem handlungswirksamen Wollen entspricht, ist größer, wenn das Tier sich durch Lernen weiterentwickelt hat. Viele Jungtiere lernen von den Elterntieren und durch „Versuch und Irrtum": sie vergrößern durch den damit verbundenen Zugewinn an Kompetenz ihre Chance, bei der künftigen Handlung erfolgversprechend zu handeln. Sicher ist das natürlich nicht! Die Handlungsfreiheit wird also verbessert, da die Willensbildung in Bezug auf dieses Handlungsziel durch Lernen an Qualität gewonnen hat. Da wir davon ausgehen dürfen, dass das Tier nicht frei und selbstreflektiert bewusst abwägt, ob es bei einer Bedrohung sich in der Höhle verstecken soll oder ob es weglaufen soll, ist jedoch die Optionswahl nicht frei: es gibt einen Willen, aber keine Willensfreiheit.

Weil beim Tier das Bewusstsein vermutlich keine relevante Rolle in der Willensbildung spielt, gibt es einen Vorteil für dieses nichtbewusst handelnde Lebewesen: Das Tier handelt mit dem

Antrieb des Instinkts. Und der Instinkt gewährleistet in der Tendenz ein „richtiges", also: lebens- und arterhaltendes Verhalten!

Nun tritt der Mensch auf den Plan. Der Unterschied besteht darin, dass der Mensch ein vergleichsweise sehr hohes Ausmaß an mentaler Kapazität, an Bewusstsein, mitbringt und dieses zunehmend im Leben für die Willensbildung nutzbar macht. Die Willensbildung unter Einfluss des Bewusstseins ersetzt partiell (!) die rein triebgesteuerte Willensbildung beim Tier.

Dieses Bewusstsein begleitet das menschliche Handeln nur sehr begrenzt – 70–98 % unseres Handelns erfolgen durch Steuerung über das Unbewusste und Unterbewusste (Abschnitt 3.4). Auch die Willensbildung erfolgt weitgehend unbewusst, kann aber – je nach Thematik des Wollens – einen stärkeren Anteil von Bewusstsein erfordern. Der Einfluss des Bewusstseins auf die Willensbildung ist zwar gering, jedoch so herausgehoben gegenüber dem Tier, dass wir den menschlichen Willen sogar danach definieren, dass dieser unter Einfluss des Bewusstseins gebildet wird (Abschnitt 2.1). Die Konsequenzen des Bewusstseins betreffen vor allem:

- Die Bereitstellung von vielen zusätzlichen Handlungsoptionen, die dem Menschen durch die bewusste Wahrnehmung der eigenen mentalen, physischen, emotionalen und moralischen Kompetenz zur Verfügung stehen (Abschnitt 3.3).
- Durch mögliche qualitative Verbesserung der zur Verfügung stehenden Optionen durch Kompetenzerweiterung mithilfe des Lernens.
- Die Erweiterung des Spektrums der Handlungsoptionen, die speziell durch die moralische Kompetenz des Menschen und die Wahrnehmung der eigenen moralischen Kompetenz durch Selbstreflexion relevant werden!

Damit besteht eine in der Regel verbesserte Basis für die Willensbildung durch mehr und geeignetere Optionen aufgrund des menschlichen Bewusstseins. Dadurch erhöht sich (im Vergleich zum Tier) die Chance, durch die Willensbildung zu einem Handeln zu kommen, das dem eigenen Wollen entspricht: die Handlungsfreiheit wird erweitert!

Es fehlt aber jede Evidenz, dass durch das Bewusstsein auch Willensfreiheit herbeigeführt würde: auch die menschliche Willensbildung wird weitgehend unbewusst gesteuert, ist also nur verzerrt und eingeschränkt über das Bewusstsein kontrollierbar. Natürlich kann die Qualität der Willensbildung durch das Bewusstsein und die damit verbundene Selbstreflexion im Vergleich zum Tier verändert werden (Abschnitt 3.5). Hier liegt ein zentraler, möglicherweise gar kategorialer Unterschied zwischen den Spezies aufgrund der menschlichen Fähigkeit zur Selbstreflexion!

Es gibt nur einen Haken: Das Bewusstsein des Menschen bietet diesem zwar einzigartige Möglichkeiten bei der Bereitstellung von zahlreichen Handlungsoptionen und (über die Selbstreflexion) bei der Auswahl von Handlungsoptionen – es ist dadurch jedoch nicht sichergestellt, dass dabei keine nicht lebensförderlichen, moralisch fragwürdigen oder unsozialen Handlungsoptionen zur Abwägung stehen und ausgewählt werden. Im Gegenteil: hier kann ein Bewusstsein, das z.B. durch ein asoziales Umfeld oder eine Identifikationsgruppe mit negativem Einfluss deformiert ist, die Willensbildung beeinflussen. Hier liegt eine zentrale Gefahr des menschlichen Bewusstseins: während instinktgeleitete Antriebe im Tier in der Regel einen Handlungswillen herbeiführen, der lebenserhaltend und lebensfördernd wirkt, kann menschliches Handeln auch aus lebensfeindlichen oder moralisch strittigen Motiven erfolgen.

In diesem Zusammenhang eine Randbemerkung: in diesem Abschnitt 3.10 bin ich nicht auf die neueren Erkenntnisse zum Ich-Bewusstsein und zu den metakognitiven Eigenschaften mancher Tierspezies eingegangen, sondern habe eine weitgehend kategoriale Abgrenzung zwischen Tier und Mensch vorgenommen. Dies sollte der Verdeutlichung dienen, dass trotz der übermäßigen Vereinfachung der Tier/Mensch-Unterscheidung grundlegende Gemeinsamkeiten hinsichtlich Wille und Freiheit bestehen. Die Gemeinsamkeiten zwischen Tier und Mensch werden noch größer, wenn wir das heutige Wissen um das Bewusstsein der Tiere einbeziehen – wir finden dann bestätigt, dass Freiheit und Unfreiheit (als Handlungsfreiheit) keine humanspezifische Qualität ist (vgl. Abschnitt 4.11: „Das Ich-Bewusstsein des Putzerfisches").

3.11 Werte gehen einen Umweg!

Kulturelle Werte haben erheblichen Einfluss auf die Willensbildung. Aber wie geschieht das? Der Bundespräsident hält eine Ansprache und fordert im Fernsehen zu Solidarität mit den Obdachlosen durch ein Erdbeben auf. Bei manchen Zuhörerinnen/ Zuhörern bleibt die Ansprache völlig wirkungslos, während sie bei anderen z. B. Spendenbereitschaft auslöst. Was machen solche Worte mit unserem Gehirn? Eltern, Schule, Freundeskreis, Influencer, Medien, Politiker oder der Gemeindepfarrer bemühen sich um die Vermittlung von moralischen Botschaften über Kommunikation. Die Werbung macht Ähnliches subkutan.

Liegt es im freien Willen der Empfänger der Botschaft, ob diese und wie diese ankommt? Offensichtlich nicht. Aber wenn der Empfänger nicht frei darüber entscheiden kann, ob die kulturellen Werte in welchem Maße aufgenommen und verinnerlicht werden, wie könnte dann die Willensbildung dieser Menschen frei sein, sofern Werte bei bewusstseinsbegleiteten Abwägungen eine Rolle spielen?

Es ist anzunehmen, dass viele Faktoren eine Rolle für die „Verinnerlichung von Werten" spielen, z. B. während des Vortrags des Bundespräsidenten:

- Die Fähigkeit des Zuhörens und des Sprachverständnisses bei der Sprachebene des Bundespräsidenten selektiert bei verschiedenen Personen, dass unterschiedliche Inhalte in unterschiedlichem Ausmaß beim jeweiligen Empfänger ankommen.
- Weit früher individuell unterschiedlich angelegte und ausgeprägte Gehirnstrukturen, die Empathiefähigkeit widerspiegeln und die durch familiäre Prägung ansprechbar sind, führen zu mehr oder weniger Resonanz und Verinnerlichung bestimmter Werte, wie sie mit den Informationen transportiert werden.
- Eigene Erfahrungen von Leid, versagter Hilfe oder erfahrener Hilfe modifizieren die Aufnahme.
- Ganz andere Sorgen des Alltags während der Aussendung des Redebeitrags beeinflussen die Aufmerksamkeit und Wahrnehmungsqualität.
- Grundsätzliche Aversionen gegen Sonntagsreden oder Politikerrhetorik oder eine frühere Rede zu einem persönlichen Allergiethema können den Zugang zum Wertevermittelnden verbauen.
- Eine angenehme Erzählstimme und eine freundliche Mimik in einer sympathisch gestalteten Studioatmosphäre verändern wiederum in sehr unterschiedlichem Maße die Eindringtiefe der Botschaft bei einigen Zuschauern.

Im Ergebnis findet eine individuell stark abweichende Verinnerlichung der Botschaft des Bundespräsidenten statt. Die Information über einen moralischen Wert in einer Rede bewirkt noch nichts – die Information muss wahrgenommen und dann auf nur teilweise bekannten Umwegen in unser Inneres gelangen, in Resonanz mit einem bereits vorliegenden Gefühl treten und vom „Selbst" über Selbstreflexion als „für mich wichtig"/ „für mich interessant"/ „für mich irrelevant" bewertet werden.

So können dann vorgetragene Redetexte den Empfänger erreichen, graduell erreichen oder verfehlen. Die Verinnerlichung hängt in unterschiedlichem Ausmaß von der Rationalität, der Vernünftigkeit oder der moralischen Qualität des Gesagten ab. Es scheint bei einer Rede zu moralischen Werten ähnlich wie bei anderen Themen. Ob diese Neugier und Interesse erwecken und damit verinnerlicht werden, kann nicht für alle Menschen vorausgesetzt werden. Was mich im Leben beeindruckt und was dieses Beeindrucken in mir bewirkt, kann ich nicht frei beeinflussen. Dieses Profil ist individuell und unverwechselbar, enthält jedoch auch Gemeinsamkeiten bei Personen innerhalb des jeweiligen Kulturkreises.

Die Gemeinsamkeiten innerhalb eines Kulturkreises bieten den entscheidenden Hinweis darauf, dass bei zahlreichen Werten ein Lernen möglich ist und ggfls. sogar von den Mitgliedern der Gesellschaft zu fordern ist: Kompetenz kann in begrenztem Rahmen durch Lernen erworben werden. Ohne gezielte gesellschaftliche Anforderung von außen ist es gut möglich, dass die individuelle Prägung die Verinnerlichung bestimmter Werte bisher verhindert hat und dass der innere Antrieb für die Verinnerlichung gering sein mag – bei gesunden Menschen kann diese Kompetenz jedoch entwickelt werden und es ist unter Umständen auch legitim, dieses Erlernen der Kompetenz zu verlangen. Nämlich dann (und allerdings nur dann!), wenn das für das Funktionieren der Gesellschaft erforderlich ist, z. B. im Bereich strafrechtlich relevanter Handlungen.

Diese Verinnerlichung über das Lernen – möglicherweise von außen induziert – wirkt sich in nicht kontrollierbaren Anteilen und Wechselwirkungen sowohl auf das Bewusstsein aus wie auch auf das Unbewusste und Unterbewusste, so dass dann bei der nächsten abwägenden Willensbildung zu einer weit weg liegenden Thematik, bei der der fragliche Wert der Solidarität eine Rolle spielt, die so „neu verdrahteten" aktualisierten Wertmaßstäbe der willensbildenden Person eine veränderte Bedeutung haben können. Eine solche „Neuverdrahtung" (Umwertung) verinnerlichter moralischer Werte ist üblicherweise nicht innerhalb eines situativen Willensbildungsprozesses machbar. Diese Umwertung (andere Gewichtung) erfordert in der Regel Lernen über längere Zeit.

3.12 Das Leben wird vorwärts gelebt und rückwärts verstanden

Welche Konsequenzen hat die hier vorgestellte Sichtweise: „Frei ohne Willensfreiheit" für die Alltagsperspektive auf unsere Willensbildung? Es geht ja nicht um eine Theoriediskussion, sondern um ein Gedankengebäude mit höchst praktischen Konsequenzen. Aber welchen Konsequenzen? Dabei müssen wir zwischen dem „Blick zurück", dem Blick auf die Gegenwart und in die Zukunft unterscheiden. Es hilft das Verständnis von Kierkegaards berühmten Aphorismus („Das Leben wird vorwärts gelebt und rückwärts verstanden"):

Der Blick zurück

Wenn wir auf früheres Handeln zurückblicken, wollen wir vor allem verstehen, weshalb wir so und nicht anders gehandelt haben. Wir wünschten uns bisweilen, wir hätten in dieser oder jener Situation eine andere Entscheidung getroffen. Dann hilft es, über die damaligen Fehler aus heutiger Sicht nachzudenken, um für künftige Entscheidungen zu lernen. Es hilft aber nicht, mit einer früheren Fehlentscheidung zu hadern und – im *üblichen* (!) Schuldverständnis – uns über unser zurückliegendes Verhalten Vorwürfe zu machen. Wir hatten keine Willensfreiheit und konnten „damals" nicht anders entscheiden, als wir uns entschieden haben!

Menschen haben nicht die Freiheit, andere Optionen als handlungswirksamen Wunsch umzusetzen als jene Option, die sie tatsächlich gewählt haben. Damit entfällt der Gedanke: „Du hättest auch anders handeln können!", ausgeprägter auch in der Variante: „Wenn du dir etwas Mühe gegeben hättest, hättest du auch anders handeln können!"

Bei positivem Anlass kann beim Blick zurück auf frühere Entscheidungen ohne Willensfreiheit vielleicht der Gedanke lebendig werden: „Ich bin dankbar, dass mir diese Entscheidung so wunschgemäß gelingen durfte!" Die Demut wächst.

Das befördert auch das Freiheitsgefühl (Freiheit durch Selbstreflexion) mit Auswirkung auf die Gegenwart und Zukunft: „Dadurch, dass ich lernen durfte, auf meine innere Stimme zu hören und das gemacht habe, was meiner Bedingtheit entspricht, hatte ich die Chance, so zu handeln, wie ich selbst es wollte – also: stimmig zu handeln!" oder aber bei geringerer Freiheit: „Dadurch, dass ich mir nicht selbst vertrauen konnte, habe ich zu fremdbestimmt gehandelt." Diese Einordnung der Vergangenheit ist selbstfreundlicher, lenkt den Blick darauf, es das nächste Mal besser zu machen (zu lernen) und beschäftigt sich nicht mit unproduktiven Schuldgefühlen: „Ich fühle mich schuldig, weil ich es hätte besser machen können und mir nicht genug Mühe gegeben habe!" Nein! Ein Besser-Machen war zum damaligen Zeitpunkt / in der damaligen Situation nicht möglich!

Der Blick in die Gegenwart und in die Zukunft

Die Erkenntnis, dass ich keine Willensfreiheit habe, muss keineswegs nachteilige Auswirkungen auf eine zukünftige oder gegenwärtig laufende Willensbildung haben:

Da ich nicht allwissend bin und da es mir in der Regel nur sehr begrenzt gegeben ist, mein Unbewusstes und Unterbewusstes auszuleuchten, kenne ich ja nicht alle Determinanten einer künftigen Entscheidung und deren Gewichtung und Abwägungsergebnis im Vorhinein. Außerdem können noch unerwartete zusätzliche (bewusste oder unbewusst bleibende) Beweggründe in mein Leben treten, die bei künftigen Willensbildungen mitbestimmen, was zur handlungswirksamen Option wird. Also bleibt mir nichts anderes übrig, als zu leben (Kierkegaard) …, also: als genau auf meine Fähigkeiten, Werte und Grenzen zu horchen, um meine Willensbildung möglichst daran auszurichten! Also verändert die Erkenntnis des fehlenden freien Willens bei der Willensbildung nicht meine Motivation, meine Chance nutzen und die Freiheit vergrößern zu wollen, indem ich so handele, wie es meiner Kompetenz und meinem authentischen Wollen entsprechen könnte.

Auch die verinnerlichten Werte bestimmen die Motivation und gehören zu den Beweggründen bei der Willensbildung. Ich habe es zwar nicht in der Hand, welche Werte in welchem Ausmaß von mir verinnerlicht werden und mich in meinen künftigen Abwägungen beeinflussen. Es ist aber hilfreich zu erkennen, dass ich, würde ich einseitig dem Phlegma oder der Resignation einen dominierenden Rang zubilligen, die künftige Willensbildung somit negativ verändern würde. Wenn ich also infolge der fehlenden Willensfreiheit die Hände in den Schoß legen und einem falsch verstandenen Fatalismus folgen würde, wenn diese verinnerlichten Werte eine resignative Weltsicht beinhalten, würde sich dies demotivierend im (künftigen) Abwägungsprozess auswirken.

Dagegen hat es für die zukünftige Willensbildung nicht notwendigerweise eine starke Auswirkung, ob ich an den freien Willen glaube oder ob ich diesen als Illusion betrachte. Immer dann, wenn ich bei der Wahl eines handlungswirksamen Wollens auf meine Wahrnehmung von meiner Kompetenz und Authentizität zu hören vermag, ist diese Selbstwahrnehmung maßgeblich. Stehe ich positiv zur möglichen Illusion, so kann sich dies nur förderlich auf die Willensbildung auswirken (Abschnitt 3.8). Erkenne ich diesen Illusionscharakter, dann folge ich meiner inneren Stimme, meiner Motivation, mit größerer Gelassenheit. Meine Bedingtheit wird in der künftigen Situation ohnehin keinen Spielraum bieten, auch wenn ich einen Fehler dabei machen sollte, mich für eine „schlechte" Option entscheide. Ich werde Fehler nicht immer vermeiden können, wenn sie bei der Abwägung nicht erkannt und durch meine alten Prägungen als maßgeblich gewertet werden. Ich habe ja keine Willensfreiheit. Rückwirkend muss ich mir also solche Fehler zugestehen und vorausblickend ist es mir in der Regel gegeben, dass ich für die kommende Willensbildung dazulernen darf. Ich kann an Handlungsfreiheit dazugewinnen, wenn ich meine Kompetenz und Selbstreflexion erweitern kann! Ich darf leben!

3.13 Verantwortung, Zurechnung und Schuld

Die Verletzung bestimmter sozialer oder moralischer Normen durch einen Menschen, der mit abweichenden Werten aufgewachsen ist, kann gesellschaftlich nicht ohne Reaktion geduldet werden. Nennen wir vereinfachend jene abweichenden Werte die (aus unserer Sicht) *falschen Werte*. Hintergrund für die Aneignung falscher Werte kann eine Prägung der betreffenden Person durch Familie, soziales Umfeld, durch persönliche Erfahrung oder durch einen anderen kulturellen Hintergrund sein, z.B. wenn in dieser anderen Kultur die (aus unserer Sicht) *„falschen Werte"* als die (aus deren Sicht) *„richtigen Werte"* betrachtet wurden. Wenn der Mensch keinen freien Willen besitzt, dann ergibt sich möglicherweise sein handlungswirksames Wollen mit

Verletzung der hiesigen Normen aufgrund der Prägung durch „falsche Werte", ohne dass hieraus dann eine Vorwerfbarkeit berechtigt wäre. Denn diesem Mensch war es bisher (oder situativ) offensichtlich nicht gegeben, die in unserer Gesellschaft vereinbarten sozialen und moralischer Normen in dem Maße zu verinnerlichen, dass sie (aus unserer Sicht) hinreichendes Gewicht in seiner (unfreien) Abwägung bei seiner Willensbildung hatten.

Die gesellschaftliche Reaktion auf Handlungen, die aus (nach unserer Sicht) falschen Werten entspringen, ist dennoch schlüssig in die Konzeption dieses Essays zu integrieren:

- Die Vereinbarung von sozialen und moralischen Normen entspringt einem Gesellschaftsvertrag, der damit für die große Mehrheit der Mitglieder dieser Gesellschaft als akzeptabler und akzeptierter Wertekanon gilt und der für das Funktionieren der Gesellschaft als verbindlich z. B. im Strafrecht festgelegt werden darf.
- Eine Zurechnung bei Verletzungen dieser strafrechtlich relevanten Normen im Sinne einer Verursachung ist mit dem Verständnis des Verletzenden als Urheber (wenn auch möglicherweise nicht als Ersturheber) gerechtfertigt.
- Damit ist auch eine Verantwortlichkeit des Normverletzenden im Sinne dieser Zurechenbarkeit gegeben. Aus der fehlenden Willensfreiheit ist also nicht die fehlende Verantwortlichkeit für sein Handeln zu schlussfolgern.
- Die Brücke zur Sanktion von normenverletzendem Handeln ist aufgrund der vorliegenden Kompetenz gegeben. Die Kompetenz besteht in der Kenntnis und im intellektuellen Nachvollziehen des gesellschaftlichen Vertragsinhalts und in der sozialen Kompetenz, Gesellschaftsverträge als hier gültige kulturelle Normen als verbindlich für alle zu respektieren. In der Regel ist diese Kompetenz bei gesunden Menschen auch unterschiedlicher Kulturen, unterschiedlicher

familiärer Bedingungen oder unterschiedlicher Werte in der Identifikationsgruppe gegeben oder ist erlernbar.

- Die Kompetenz (vermutlich die *soziale* Kompetenz) war jedoch offensichtlich bei der Willensbildung für den Normverletzenden nicht abrufbar, nicht ausreichend in die situative Abwägung einbeziehbar!
- Dieser Essay betont die wichtige Bedeutung des Lernens
  - für die Veränderung der kulturellen Werte mit zentralem möglichen Einfluss auf die Abwägung und das Ergebnis der Willensbildung,
  - für die Akzeptanz der Verantwortlichkeit gegenüber gesetzlich-gesellschaftlichen kulturellen Normen als gültig, auch wenn diese Normen persönlichen Werten widersprechen sollten.

Verantwortungsethik bedeutet laut Max Weber, dass man für die voraussehbaren Folgen seines Handelns aufzukommen hat. Die absehbaren Folgen werden also meinem Tun zugerechnet, und ich muss für alle Konsequenzen Verantwortung übernehmen, mit denen ich im Vorhinein rechnen konnte.[56] Aus der Voraussehbarkeit der Handlungsfolgen (vorhandene oder zu lernende Kompetenz) ergibt sich Zurechenbarkeit und Verantwortlichkeit und die Berechtigung der Sanktionierung.

Der U.S. Philosoph Daniel Dennett unterstützt z. B. in ähnlicher Weise die Berechtigung von Sanktionen und Strafen, obwohl er vom Determinismus ausgeht und eine Willensfreiheit im starken Sinne (vgl. Abschnitt 2.3) aus seiner Sicht nicht existiert. Zweck solcher Strafen ist, wie auch in diesem Essay vorgetragen, Abschreckung und das Lernen.[57]

---

56 https://bonnerumweltzeitung.de/verantwortung-betrifft-mich-das/, 1.7.2018; besucht 2.4.2024

57 https://www.philosophieverstaendlich.de/freiheit/modern/dennett.html, besucht: 28.3.2024

Damit besteht eine enge Verknüpfung zwischen Handlungsfreiheit und Verantwortung: Verantwortung ist vorrangig die Fähigkeit, das eigene Können und die möglichen Folgen von Entscheidungen einzuschätzen und so zu handeln, dass die erwarteten Ziele mit größter Wahrscheinlichkeit erreicht werden. Verantwortungsinstanz ist unter anderem das Gewissen. Die Fähigkeit zur Einschätzung des eigenen Könnens und der möglichen Folgen von Entscheidungen wird durch die Selbstreflexion ermöglicht. Eine Instanz zur Einschätzung der Spannung oder Kongruenz zwischen handlungswirksamem Wollen und authentischem Wollen ist ebenfalls unter anderem das Gewissen. Authentisches Handeln bedeutet somit auch verantwortliches Handeln, und authentisches Handeln wie verantwortliches Handeln bedeuten Freiheit.

Wenn wir dazu erkennen, dass es nicht nur eine Verantwortung gegenüber sich selbst, sondern auch eine Verantwortung gegenüber den Anderen gibt, dann gewinnt der Begriff der Meinigkeit, wie er mit dem authentischen Handeln verknüpft ist, eine Dimension, die Handlungsfreiheit nicht nur am individuellen Selbst festmacht, sondern auch am sozialen Selbst. Diese Integration reflektiert mein Freiheitsverständnis, wie es zum Wesen des Menschen gehört.

Aus der Übernahme von Verantwortung folgt allerdings nicht, dass bei Fehlern in der Willensbildung Vorwerfbarkeit berechtigt wäre und in Schuld im strafrechtlichen Sinne münden würde (vergleiche hierzu Kasten, unten). Denn Schuld nach dieser Definition beinhaltet Alternativität: der Mensch hätte danach das Vermögen, unter gegebenen Bedingungen so oder anders zu entscheiden! Offensichtlich gibt es diese Willensfreiheit nicht.

Der Philosoph und wissenschaftlicher Mitarbeiter am Institut für Ethik, Geschichte und Theorie der Medizin der Universität Münster, Marco Stier, stellt in einer umfangreichen Analyse klar, dass Verantwortung keine Willensfreiheit als Voraussetzung benötigt und dass das Strafverständnis – anders, als dies das BGH sieht (siehe Kasten, unten) – nicht auf einer Begrifflichkeit von Willensfreiheit im starken Sinne (Abschnitt 2.3) beruhen muss. Die differenzierte und spannende Arbeit des Autors („Verantwortung und Strafe ohne Freiheit"[58]) geht über den Fokus dieses Essays hinaus!

Diese Einordnungen bedeuten nur leichte, jedoch entscheidende Änderungen in der Bewertung kriminellen Handelns gegenüber der herrschenden gesellschaftlichen Sichtweise und der juristischen Sichtweise einiger Strafrechtler:

- Eine kriminelle Tat bleibt auch ohne Willensfreiheit eine kriminelle Tat und wird nach unserem kulturellen Maßstab moralisch abgelehnt!

- Der Normverletzer ist verantwortlich für sein Handeln! Die Tat wird ihm zugerechnet!

- Weil der Täter in der Situation nicht anders handeln konnte als er gehandelt hat, ist der gängige Schuldbegriff (strafrechtlich, siehe Kasten) nicht anwendbar. Eine entsprechende Vorwerfbarkeit im juristischen Sinne ist nicht gerechtfertigt!

- Wer faktisch den Gesellschaftsvertrag verletzt, also seine gesellschaftlichen Pflichten verletzt, macht sich dadurch dennoch „schuldig". Diese Pflichtverletzung begründet eine gesellschaftliche Ausgleichspflicht ähnlich wie bei finanziellen Schulden.

- Voraussetzung für eine entsprechende „Schuld" durch Pflichtverletzung ist die gesundheitliche Kompetenz des Täters, seine Normverletzung als voraussehbare Folge seines Handelns erkennen zu können.

---

58 Marco Stier, Verantwortung und Strafe ohne Freiheit; Mentis, Paderborn, 2011

Das Schuldprinzip aus strafrechtlicher Sicht

a) Entscheidung des BGH von 1952, für Juristen:
im 2. Band der amtlichen Sammlung, S. 194:

Strafe setzt Schuld voraus. Schuld ist Vorwerfbarkeit. Mit dem Unwerturteil der Schuld wird dem Täter vorgeworfen, daß er sich nicht rechtmäßig verhalten, daß er sich für das Unrecht entschieden hat, obwohl er sich rechtmäßig verhalten, sich für das Recht hätte entscheiden können. (BGHSt 2, 194, 200)

b) Kommentar des Strafrechtlers Carl-Friedrich Stuckenberg zu dieser Entscheidung:

„Die Ansicht der klassischen Schule scheint sich in der Bundesrepublik durchgesetzt zu haben, wenn man die ebenso berühmte wie dunkle Passage der Entscheidung des BGH [siehe oben] ... von 1952 betrachtet ... Daran hält die Rechtsprechung im Wesentlichen bis heute fest. Verbreitet findet sich in den Lehrbüchern immer noch, das Schuldprinzip habe die Entscheidungsfreiheit des Menschen als logische Voraussetzung. Ohne diese liege ‚wirkliche Schuld‘ nicht vor, sei Strafe als sozialethisches Unwerturteil nicht zu rechtfertigen.“

Quelle: zitiert nach Carl-Friedrich Stuckenberg, Willensfreiheit und strafrechtliche Schuld, Antrittsvorlesung an der Universität des Saarlandes, 2008

Anmerkung: Die hier vom BGH gewählte Formulierung enthält das Verständnis von „Alternativität" nach der Definition von Willensfreiheit im starken Sinne (Abschnitt 2.3)

- Die Sanktion durch gerichtliche Instanzen bedeutet dann, dass der Ausgleichspflichtige (die Täterin oder der Täter) seine „Schulden begleicht", mit dem Sinn a) des Lernens aus der Pflichtverletzung, b) des Schutzes der Gesellschaft, und c) der Abschreckung.

- Wenn dafür der Begriff der Strafe verwendet wird, so sollte dieser also nicht nach klassischem Schuldbegriff des Strafrechts auf Vorwerfbarkeit basieren und in der Bemessung nicht mit der moralischen Bewertung verknüpft sein.

- Als gesellschaftliche (nicht gerichtliche!) Reaktion sind Wut und Vergeltungsbedürfnis gegenüber dem Normverletzer in der Regel als menschliche Sofortreaktionen bei uns verankert und als menschliche Unvollkommenheit zu tolerieren, solange daraus nicht wiederum Straftaten resultieren. In Respekt vor der Bedingtheit und der fehlenden Alternativität des Normverletzers (der Mensch hatte nicht das Vermögen, unter gegebenen Bedingungen anders zu entscheiden, als er entschieden hat) sollte jedoch demütiges Verständnis gegenüber unserer menschlichen Existenz zurückkehren.

Was am Beispiel der Straftat verdeutlicht wurde, gilt analog (aber keineswegs 1:1!) auch für die juristisch nicht relevante andere *Andersartigkeit*, wo persönliche Normen, Normen der Identitätsgruppe oder der kulturellen Gesellschaft verletzt werden. Hier sind natürlich auch persönliche (negative) Bewertungen und Abgrenzungen völlig in Ordnung, eine Zurechnung ist ebenfalls in der Regel begründbar. Vorwurf und Schuldzuweisung sind jedoch ebenso wie bei strafrechtlich relevanten Normverletzungen nicht gerechtfertigt. Eine Ausgleichpflicht für die Andersartigkeit (aus angeblicher Verletzung eines Gesellschaftsvertrags) besteht in diesem Falle natürlich nicht! Es bleibt vielmehr die Notwendigkeit, Andersartigkeiten zu respektieren und die Bedingtheit der Andersdenkenden anzuerkennen und ggfls. den Versuch zu unternehmen, durch Kommunikation und gegenseitiges Lernen persönliche Normen, Normen der Identitätsgruppe oder der kulturellen Gesellschaft anzugleichen oder aber die Andersartigkeit zu tolerieren.

3.14 Befreiung von -Ismen

Autoren, die die Vorstellung der Willensfreiheit ablehnen, werden auch als „Willensfreiheitsskeptiker" bezeichnet. Willensfreiheitsskeptiker werden bisweilen deshalb kritisiert, weil sie angeblich bestimmten Denkschulen angehören würden. Dann steht hinter den Gegenargumenten nicht die konkrete Auseinandersetzung mit einzelnen Thesen dieser Skeptiker. Stattdessen erhebt sich dahinter die übergreifende Abgrenzung gegenüber einer zugeordneten Denkschule.

Es ist wie mit allen Sortierkästchen: bevor man solche Zuordnungen vornimmt, muss man sicherstellen, dass das Kästchen auch wirklich passt und dass damit die grundsätzliche Kritik gegenüber der Denkschule (dem Kästchen) auch gegenüber der konkreten Konzeption angebracht ist. So auch in diesem Fall: die Gegenargumente gegenüber der Konzeption in diesem Essay sind dann fragwürdig, wenn sie gegenüber bestimmten Denkschulen entwickelt wurden und dann ohne Detailprüfung auf die konkrete Konzeption übertragen werden.

Ich möchte dies an zwei „Sortierkästchen" verdeutlichen:

- Die Aussage, dass keine Willensfreiheit bestehe, wäre in der Regel der Denkschule des Determinismus zuzuordnen, insbesondere wenn angegeben wird, dass die Abwägung deshalb unfrei sei, weil diese situativ durch „Determinanten" festgelegt sei.

- Die Aussage, dass auch der Mensch den Naturgesetzen unterliege und deshalb nicht frei in seiner Willensbildung sei, entspräche dem Bild des reduktionistischen Naturalismus und müsse sich deshalb der Kritik gegenüber dem Naturalismus stellen.

Die Zuordnung der vorliegenden Konzeption „Frei ohne Willensfreiheit" zu beiden -Ismen (dem Determinismus und dem Naturalismus) ist jedoch „schief", beinhaltet also die üblichen Fehler von Vorurteilen, die in der Verallgemeinerung unangemessen sind.

Determinanten gibt es auch ohne Determinismus

Determinismus ist nach Abschnitt 2.4 ein komplettes Weltbild der naturgesetzlichen Kausalität. „Der Determinismus behauptet, dass der gesamte Weltlauf ein für alle Mal alternativlos fixiert ist: Durch Naturgesetze und Anfangsbedingungen sind alle Weltzustände festgelegt, sodass es zu jedem Zeitpunkt genau eine mögliche Zukunft gibt", schreibt Geert Keil.[59]

In diesem Essay wird ebenfalls der Begriff „determiniert" verwendet. Dabei wird angenommen, dass die Willensbildung des Menschen und das daraus folgende Handeln durch anlage- und umweltbedingte Bestimmungskräfte verursacht und determiniert ist. Entsprechend sind die Gewichte und die Richtung der Beeinflussung der Bestimmungskräfte auf den Willensbildungsprozess einschließlich des Bewusstseins zum Entscheidungszeitpunkt *situativ* fixiert. Die Bestimmungskräfte sind nur partiell bekannt und werden zur begrenzt von der willensbildenden Person bewusst wahrgenommen.

---

59 Geert Keil, Willensfreiheit und Determinismus, a.a.O.

Von zentraler Bedeutung ist in der vorliegenden Konzeption, dass ein offenes System unterstellt wird; es ist daher nicht abschließend vorgegeben, welche zusätzlichen und veränderten Bestimmungskräfte zum Zeitpunkt *nach* der letzten Entscheidung mit welchem Gewicht auf künftige Willensbildungsprozesse einwirken. Der Einfluss neuer und veränderter Bestimmungskräfte auf künftige Willensbildungsprozesse wird durch das Lernen festgelegt. Ein lernendes System Mensch bildet ein verändertes determiniertes Szenario für den nächsten Willensbildungsprozess heraus. Dabei können auch zufällige Umwelteinflüsse in das betrachtete System (die Willensbildung eines Individuums) eintreten, also künftig zu einer der situativen Determinanten der Willensbildung werden.

Es gibt demnach ein abweichendes Verständnis der Determination in der hier vorgestellten Konzeption zum klassischen Verständnis des Determinismus, insbesondere mit Blick auf die Zukunft. Ferner müssen keine komplexen Überlegungen zum Kompatibilismus angestellt werden, um Willensfreiheit und Determinismus in Einklang zu bringen. Entsprechend sind theoretische Modelle (wie Quantenphysik[60], Emergenz[61], Wünsche erster und zweiter Stufe[62], Unterscheidung von Ursachen und Gründen[63] etc.) als Rechtfertigung der Annahme von Willensfreiheit der Kompatibilisten nicht erforderlich. Diese komplizierten Modelle ergeben sich erst, wenn einerseits Determinismus als gültig vorausgesetzt wird, andererseits in gewissem Widerspruch zum Determinismus dann die Willensfreiheit verteidigt werden soll.

---

60 Michiu Kaku, 2011, https://www.spektrum.de/video/freier-wille-dank-quantenphysik/1470469; besucht: 28.3.2024

61 Christina List, Warum der freie Wille existiert; Wissenschaftliche Buchgesellschaft, 2021

62 Harry Frankfurt, vgl. https://www.philosophieverstaendlich.de/freiheit/modern/frankfurt.html, besucht: 28.3.2024

63 Dietmar Hübner, Was uns frei macht; Suhrkamp, 2024

Naturgesetze gelten auch jenseits des Naturalismus

In Abschnitt 3.6 dieses Essays wurde festgehalten: „Der Mensch … unterliegt … bei seiner Willensbildung seinen biologischen, naturgesetzlichen Bedingungen (Erbgut und Prägung durch Umwelt)." Dieser Hinweis auf die Naturgesetze von Willensfreiheitsskeptikern wird gerne als Sichtweise des Naturalismus etikettiert. Auch die Beschreibung eines „neurokognitives Potenzials zur Herausbildung eines Bewusstseins" im gleichen Abschnitt dieses Textes kann als naturalistischer Reduktionismus auf die wissenschaftlichen Erkenntnisse der Hirnforschung verstanden werden.

„Der Naturalismus ist die Auffassung, dass die Welt als ein rein von der Natur gegebenes Geschehen zu begreifen ist. Er geht davon aus, dass alles natürliche Ursachen hat und dass es nichts Übernatürliches gibt … Bei modernen naturalistischen Theorien seit Anfang des 20. Jahrhunderts steht jedoch oft der Begriff der Naturwissenschaft und nicht der Begriff der Natur im Vordergrund. Dabei wird argumentiert, dass die Naturwissenschaften zu den grundlegenden Beschreibungen der Strukturen der Welt führten und in diesem Sinne philosophischen, geisteswissenschaftlichen und alltäglichen Methoden überlegen seien. Für einen Naturalisten in diesem Sinn sind die Naturwissenschaften für die Beschreibung und Erklärung der Welt ,das Maß aller Dinge", schreibt Wikipedia.[64]

Ich möchte widersprechen, wenn aus dem Hinweis auf die Gültigkeit der Naturgesetze auch für die Willensbildung des Menschen in diesem Essay ein Naturalismus nach dem oben beschriebenen Verständnis geschlussfolgert wird. Das Kästchen passt nicht!

---

64 https://de.wikipedia.org/wiki/Naturalismus_(Philosophie), besucht: 28.3.2024

- Der Hinweis auf die Naturgesetze bedeutet keine Reduktion auf die Naturwissenschaft, denn die Natur mit ihren Gesetzen ist weit größer einzuordnen, als dies in der Naturwissenschaft zum Ausdruck kommen kann!

- Der Hinweis auf den Menschen als Geschöpf übersteigt das Denken der Physik. In diesem Essay wird das Bild des Geschöpfs mit dem Begriff der Demut und Dankbarkeit assoziiert – diese Selbstwahrnehmung ordnet Natur in nicht-reduktionistischer Weise in den größeren Zusammenhang ein.

- In diesem Essay wird die Freiheit durch Selbstreflexion ins Zentrum gerückt – damit wird das Selbst in seiner physischen und metaphysischen Dimension zum Maßstab der Authentizität.

- Es wird in diesem Essay keine nur mehr mechanisch vorgestellte Natur ohne innere Zwecke zum Weltbild gemacht, wenn das Sollen (die Ausrichtung des Lebens auch (!) an Werten) als wichtiger Maßstab der Willensbildung beschrieben wird – auch wenn im vorliegenden Text dieses Sollen keinen universellen Charakter besitzt, sondern einen der möglichen menschlichen Deformation unterworfenen mehr individuellen und kulturbedingten Charakter.

- Und dennoch wird eine naturgesetzliche Erklärung für die Willensbildung grundsätzlich als Erklärung des Wesens des Menschen so weit angenommen, wie dies mit den Erkenntnissen der biologischen Evolution, der Biologie der Lebewesen und der Kognitionsforschung kompatibel ist. Für die Plausibilität einer ontologisch-philosophischen Aussage ist dies kein Widerspruch.

Möglicherweise würde das Kästchen der „schwachen erkenntnistheoretischen Naturalisten" besser passen, aber es scheint mir nützlich, jegliche Zuordnung zu einer Kategorie, ob Determinismus oder Naturalismus zu vermeiden, um den spezifischen Überlegungen dieser Konzeption gerecht werden zu können.

3.15 Alles anders mit geänderten Begriffsdefinitionen

Die vorgestellte Konzeption „Frei ohne Willensfreiheit" setzt voraus, dass die Begriffe auch mit den Definitionen verstanden werden, wie sie in Kapitel 2 vorangestellt wurden. Sofern diese zentrale Voraussetzung missachtet wird, kommt es unnötigerweise zu nicht weiterführenden Debatten, weil die Diskutanten verschiedene Begrifflichkeiten gegeneinanderhalten, ohne dies transparent zu machen, und möglicherweise auch deshalb, weil sie sich das selbst nicht klar machen. Nun könnte es aber sein, dass die in Kapitel 2 gewählte Begrifflichkeit zwar schlüssig zum Konzept des Kapitel 3 passt, dass jedoch andere Begrifflichkeiten sinnvoller oder nützlicher wären. Es dürfte auch bei anderen Autoren einen guten Grund geben, warum sie eben nicht das Verständnis des Begriffs wählen, wie ich ihn in Kapitel 2 vorgestellt habe.

Ich möchte dies an den Begriffen der Willensfreiheit und der Handlungsfreiheit deutlich machen und möchte verteidigen, warum ich jeweils diesen und nicht einen möglichen alternativen Begriff gewählt habe.

Freier Wille als „bedingte Willensfreiheit" – eine geeignetere Definition?

In Abschnitt 2.3 dieses Essays wird Willensfreiheit mit den Kriterien a) Alternativität, b) Autonomie und Intelligibilität und c) Urheberschaft charakterisiert.

Wikipedia liefert zunächst keine Definition mit dem Hinweis: „Für den Begriff freier Wille oder Willensfreiheit gibt es keine allgemein anerkannte Definition … In der Philosophie wird der Begriff nicht einheitlich definiert", und beschreibt dann, was als *bedingte* Willensfreiheit" zu bezeichnen wäre: „Nach dem Konzept der bedingten Willensfreiheit ist ein Wille frei, wenn eine Person ihren Willen nach ihren persönlichen Motiven und Neigungen bildet und dann das tun kann, was sie will (Handlungsfreiheit). Welcher der konkurrierenden Wünsche eines Menschen sich als Wille herausbildet, hängt nach dieser Vorstellung von seiner Persönlichkeit und von Umwelteinflüssen ab."[65]

Der Wissenschaftsjournalist Rüdiger Vaas setzt in seiner Definition die Begriffe „Willensfreiheit" und *bedingte Willensfreiheit"* (wie sie bei Wikipedia bezeichnet wird) nahezu gleich: „Willensfreiheit … ist die Fähigkeit, sich unter bestehenden Wahl- und Handlungsmöglichkeiten nach eigenem Belieben, aus verständlichen Gründen und ohne äußere Zwänge zu entscheiden"[66].

Diese Definition von bedingter Willensfreiheit deckt sich weiterhin weitgehend mit dem Begriff der „Willensfreiheit *im schwächeren Sinne"*, wie er ebenfalls in der Literatur gebräuchlich ist. Der Strafrechtswissenschaftler C.F. Stuckenberg charakterisiert diesen Begriff: „Eine schwächere Form der Willensfreiheit [beinhaltet]… die Fähigkeit, aus Überlegung, Gründen, persönlichen Präferenzen usw. zu handeln"[67] und nennt zum Vergleich die „Willensfreiheit *im starken Sinne"* jene Begrifflichkeit, die auch in diesem Essay (Abschnitt 2.3) zu Grunde gelegt

---

65   Freier Wille – Wikipedia; besucht 22.05.2024

66   Rüdiger Vaas, in: https://www.spektrum.de/lexikon/neurowissenschaft/willensfreiheit/14020

67   Carl-Friedrich Stuckenberg, Willensfreiheit und strafrechtliche Schuld, Antrittsvorlesung an der Universität des Saarlandes, 2008

wird. Diese Willensfreiheit *im schwächeren Sinne* wird insbesondere von den sogenannten Kompatibilisten (vgl. Abschnitt 2.4; Determinismus existiert und zugleich ist der Wille dennoch frei) vertreten.

Diese Begrifflichkeit von Willensfreiheit (Vaas), bedingter Willensfreiheit (Wikipedia) oder Willensfreiheit im schwächeren Sinne (Stuckenberg) hat einen Vorteil und viele Nachteile gegenüber der in diesem Essay verwendeten Terminologie:

Der scheinbare Vorteil ist die weitgehende Übereinstimmung mit der Alltagsintuition und dem Alltagssprachgebrauch. Viele von uns erleben ihre Willensbildung als frei, wenn sie ihren persönlichen Motiven, Überlegungen, Neigungen, Präferenzen, Gründen und ihrem Belieben in ihrer Willensbildung folgen können, ohne dass *äußere Zwänge* sie davon abhalten. Die Alltagsintuition wird davon gespeist,

- dass wir alle die Freiheit von äußeren Zwängen schätzen und gerne insgeheim unterstellen, dass wir dann, wenn wir von äußeren Zwängen befreit sind, auch automatisch von inneren Zwängen befreit wären;
- dass wir uns selbst mit unseren Entscheidungen oft als weitgehend frei *wahrnehmen*, wenn wir Alltagsabwägungen vorzunehmen haben;
- dass wir bereits sprachlich die Begriffe „frei" und „Freiheit" in nahezu allen Wortverbindungen in unserer Wahrnehmung positiv und den Wegfall von Freiheit als negativ assoziieren, obwohl der Wegfall von bestimmten Freiheiten bei näherem Hinsehen völlig natürlich und akzeptabel ist (Wir sind nicht frei, ob wir atmen wollen oder nicht; wir müssen atmen – wir dürfen atmen).

Allerdings ist diese Intuition der Alltagssprache diffus und widersprüchlich. Näher befragt, meint auch eine Mehrheit der Bevölkerung, dass der Mensch das Vermögen habe, unter gegebenen Bedingungen so oder anders zu entscheiden (Alternativität). Insbesondere bei Verbrechen sind viele Menschen überzeugt, dass der Verbrecher in der Regel frei wäre, seine kriminelle Tat zu unterlassen und verbinden mit Willensfreiheit die Vorwerfbarkeit, wenn jemand sich anders entscheidet als dies die große Mehrheit für moralisch gut und richtig hält. Somit wird auch bei diesem Verständnis nicht der Begriff der „bedingten Willensfreiheit" (ohne Alternativität) verwendet. Damit scheint die widersprüchliche Alltagsintuition kein eindeutiges Kriterium, um zu entscheiden, welche Definition für Willensfreiheit in diesem Essay zugrunde gelegt werden sollte.

Die Definition der bedingten Willensfreiheit beinhaltet zahlreiche Nachteile:

- sie thematisiert nicht die innere Freiheit des Willensbildungsprozesses, also ob „Überlegungen, Gründe, persönliche Präferenzen, usw." und das Ergebnis des Abwägungsprozesses auf freie Weise zustande gekommen sind,

- sie bezeichnet somit auch solche Ergebnisse der Willensbildung als (bedingt) frei, die weitgehend unbewusst zustande gekommen sind,

- sie entspricht nicht der üblichen Auffassung in der juristischen Diskussion in Deutschland, die sich mit der „Willensfreiheit im starken Sinne" (Kasten; Abschnitt 3.13) deckt, und die eben aus diesem Grund eigentlicher Gegenstand der Debatte und damit in diesem Essay sein sollte,

- sie nimmt Abschied von dem Kriterium der Alternativität, also dem Aspekt und dem kritischen Vorwurf: „Du hättest in einer gegebenen Situation auch anders handeln können", wie ihn z. B. die Libertarianer unter den Philosophen als Unterstützer der Willensfreiheit berechtigt finden.

Im Wesentlichen wird somit mit der Definition der „bedingten Willensfreiheit" die eigentliche Spannung aus der Debatte um kritische Fragen der Philosophie entzogen, obwohl nach außen ohne Korrektur der Botschaft das Etikett weiterhin hochgehalten wird: „Der Wille ist frei!" Das führt zu massiver Verwirrung, eben durch ein unpassendes Etikett.

Gleichwohl besitzt der Begriff der bedingten Willensfreiheit eine gewisse Attraktivität und wird deshalb häufig vorgetragen. Gerade, wenn erkannt wird, dass die Willensfreiheit im starken Sinne möglicherweise nicht existiert, möchte man gerne im Grundsatz die Willensfreiheit retten und wendet sich dann hilfsweise der dürftigen Aussagekraft der bedingten Willensfreiheit zu. In diesem Essay wird dieses Argument jedoch aufgegriffen und eine klare begriffliche Trennung vorgenommen: die Attraktivität der bedingten Willensfreiheit wird einer überarbeiteten Definition von Handlungsfreiheit zugeordnet. Es wird so vermieden, verschiedene Definitionen von Willensfreiheit parallel zu verwenden, die dann vermischt und missverstanden würden.

Die Wikipedia-Definition von bedingter Willensfreiheit legt diesen Schritt nahe. Wie oben zitiert, lautet sie: „Nach dem Konzept der bedingten Willensfreiheit ist ein Wille frei, wenn eine Person ihren Willen nach ihren persönlichen Motiven und Neigungen bildet und dann das tun kann, was sie will (Handlungsfreiheit)." Damit ist in dem eingeklammerten letzten Wort „Handlungsfreiheit" bereits das Stichwort gesetzt, das in diesem Essay aufgegriffen wird, um die Freiheitsbegriffe angemessener zu unterscheiden. Mit diesem Versuch, die missverständliche Begrifflichkeit aufzulösen, stehen wir nicht alleine: auch Ernst Tugendhat beklagte sich, dass Willensfreiheit leicht mit Handlungsfreiheit verwechselt wird (siehe Kasten)[68].

---

68   Tugendhat geht (anders als dieser Essay) von einem freien Willen aus – er zeigt jedoch, dass Handlungsfreiheit keinen freien Willen voraussetzen würde.

Ernst Tugendhat:
Handlungsfreiheit ist nicht Willensfreiheit!

„Man muss sich … zwei Dinge klarmachen: Erstens, wenn das Phänomen darin bestünde, dass ich etwas tun kann, wenn ich es will, dann handelte es sich in Wirklichkeit gar nicht um Willensfreiheit, sondern um Handlungsfreiheit: In einem Satz wie ‚der Finger bewegt sich, wenn ich es will‘ wird nur die ursächliche Abhängigkeit meiner Fingerbewegung von meinem Wollen konstatiert, ein gewiss wichtiges Phänomen, in dem jedoch nichts darüber impliziert ist, ob das Wollen seinerseits frei ist …

Wer also glaubt, die Willensfreiheit dadurch zu beweisen, dass er sagt: Bitteschön, ich kann doch meine Hand heben, wann immer ich will, hat es erstens gar nicht mit Willensfreiheit, sondern mit Handlungsfreiheit zu tun, und zweitens beweist er damit nicht, was er beweisen will, dass das Wollen nicht verursacht sei. Solange man unter Willensfreiheit nur Handlungsfreiheit versteht, kann man auf die Frage, ob es Willensfreiheit wirklich gibt, nur antworten: Natürlich sind wir wirklich frei, soweit wir nicht gehindert werden zu tun, was wir wollen, und das wird nicht dadurch beeinträchtigt, dass es kausal bedingt ist … Bei der Handlungsfreiheit habe ich darauf aufmerksam gemacht, dass man gar keinen Grund hat, am Verursachtsein des Wollens Anstoß zu nehmen.“

Quelle: Information Philosophie – Ernst Tugendhat: Tugendhat: Willensfreiheit und Determinismus (information-philosophie.de), besucht 2.6.2024

Wenn das Sollen zum Wollen wird

Neben der „bedingten Willensfreiheit" ist noch eine dazu konträre Definition von Willensfreiheit zu nennen, die in der Philosophie früher wohl eine bedeutende Rolle gespielt hat und die sich noch immer in das mehrdeutige Verständnis des Begriffs einschleicht. Das Metzler Lexikon Philosophie führt aus:

„Für die Willensfreiheit ist die Freiheit von inneren Fremdbestimmungen von Bedeutung. Dazu zählen solche inneren Motivationen wie Leidenschaften, Affekte, Triebe, die den Menschen gleichsam fortreißen, oder Neigungen, die ihn zu bestimmten Handlungen veranlassen. Von solchen Formen des Strebens hebt sich jene des Willens ab. Für diesen ist das Ziel ausdrücklich gewusst und aus Freiheit intendiert. Charakteristisch für die Willensfreiheit ist nun, dass die Willensintention aus dem Menschen selbst entspringt."[69]

Der Ansatz des Metzler Lexikons scheint sich an dem Verständnis des Menschen von Immanuel Kant zu orientieren, der nur den Vernunftmenschen als freien Menschen einordnet. Kant beschreibt Freiheit als „Unabhängigkeit der Willkür von der Nötigung durch Antriebe der Sinnlichkeit" und möchte „sinnliches Begehrungsvermögen überwinden".[70]

Einige philosophische Schulen betrachten ähnlich dem Metzler Philosophielexikon oder Kant demnach den Menschen erst dann als frei, wenn dieser sich von Dispositionen, Trieben, Begehrlichkeiten und Neigungen löst und bewusst nach den Maßstäben der Vernunft handelt. Es wird dann angenommen, dass der Vernunftsmensch auch frei und moralisch gut handelt.

---

69 https://www.spektrum.de/lexikon/philosophie/willensfreiheit/2234; besucht 1.6.2024

70 Dieter Schönecker, Kants Begriff transzendentaler und praktischer Freiheit; de Gruyter, Berlin, 2012

Auf den ersten Blick scheint es, als würden hier zwei Blickwinkel miteinander vermischt, nämlich der ontologische Blick („Was **ist** der Mensch?") mit dem ethisch-moraltheoretischen Blick („Wie **soll** der Mensch **sein**?"). Allerdings fallen diese zwei Betrachtungen dann in eine einzige zusammen, wenn die ontologische Betrachtung zum Ergebnis kommt: „Der Mensch ist ein moralisches Wesen, dessen Wesenheit also inhärent auch die Einsicht in eine allgemeinverbindliche Moral und in die Pflichten gegenüber der Gesellschaft beinhaltet." Hier wird also das SOLLEN zur grundsätzlichen Eigenschaft des Menschen und für den freien Menschen zur verfügbaren Eigenschaft. Wenn es weitergehend ein allgemeingültiges (universelles) moralisches Gesetz gibt, dann sieht Kant einen Menschen erst dann als frei an, wenn er dieses absolut gültige Gesetz kraft seiner Vernunft anerkennt und zum Maßstab seines Handelns macht. Der Mensch hat sich also erst dann von seiner Unfreiheit gelöst, wenn er als Vernunftwesen dem allgemeingültigen moralischen Gesetz entsprechend lebt. Es gilt der kategorische Imperativ und eine dahingehende Lebensausrichtung gehört in der Regel sowohl zur Kompetenz als auch zur moralischen Pflicht des Menschen (deontologische Ethik). Ähnlich denkt der Buddhismus, der in Tanha (Begehren, Verlangen, Gier, Durst oder Wollen) die Ursache allen Leidens sieht, die den Menschen an den Kreislauf der Wiedergeburten fesselt.

Ich teile dieses Verständnis von Freiheit nicht, weil ich die absolute Gültigkeit des Universalismus in Frage stelle und es damit für nicht plausibel halte, dass ein allgemeingültiges moralisches Gesetz in der Wesenheit des Menschen verankert wäre. Damit könnte ich auch nicht schlussfolgern, dass erst ein Mensch, der dieses moralische Gesetz befolgt, frei wäre. Der Universalismus im Sinne von Omri Boehm[71] scheint mir deshalb nicht vertretbar,

---

71 Omri Boehm, Radikaler Universalismus; Propyläen, Berlin, 2022

weil z. B. der Zeitgeist die moralische Messlatte verschiebt. Immanuel Kant würde nach heutigem Zeitgeist wegen seiner Einordnung von Schwarzen Menschen als Rassist eingeordnet. Wenn jedoch der Zeitgeist oder der jeweilige kulturelle Rahmen das Verständnis von Rassismus über die Generationen verändern, dann spricht unter anderem diese Beobachtung gegen den universalistischen Charakter unserer Vernunft.

Die Philosophie der Aufklärung wollte sich nicht auf Gott berufen und wollte dennoch allgemein-gültige Normen als „zur Wesenheit des Menschen gehörige Ausrichtung" verorten. Die Theologie benötigt für das Postulat moralischen Handelns stattdessen Gott (Gottgefälligkeit, göttliches Gebot) als Rechtfertigung.

Ich möchte mich abweichend dafür aussprechen, dass Normen menschenerdachte Vorgaben der Gesellschaft (der Identitätsgruppe, der kulturellen Umwelt, des Zeitgeists) sind, die a) sämtlich prinzipiell *nicht universell gültig* sein müssen (erscheinen mir weder von Gott gegeben, noch auf andere Weise eine absolute Allgemeingültigkeit für sich beanspruchen können), und die b) als Werte unsere menschlichen Willensziele beeinflussen (in sehr variablem Umfang je nach Thematik, zu welchem Thema sich ein Wille handlungswirksam herausformt; vgl. Abschnitt 3.4).

Das Sollen ist somit weiterhin ein wichtiges Prinzip bei der abwägenden Willensbildung! Jedoch nicht als universelles Sollen, sondern als individuell verinnerlichtes Sollen, das bei der Selbstreflexion eine zentrale Rolle spielt. Das individuell verinnerlichte Sollen kann dem des Kulturkreises oder der Identitätsgruppe entsprechen und es kann aufgrund deformierter Prägung ein fehlgeleiteter Maßstab bei der Willensbildung sein. „Frei" heißt in diesem Essay nicht „gut" oder „vernünftig".

Diese Aussage darf nicht dahingehend missverstanden werden, dass ich eine Willensbildung nach allgemein anerkannten moralischen Maßstäben in Frage stellen wollte. Im Gegenteil – es wäre für alle Menschen sehr zu begrüßen, wenn bestimmte moralische Werte ein hohes Gewicht bei der Willensbildung hätten. Zum Beispiel sollten aus meiner Sicht die Menschenrechte unbedingt universell beachtet werden! Auch soll nicht der individualistischen Willensbildung ohne Ausrichtung an einem kollektiven Sollen das Wort geredet werden! Es wäre in manchen Fällen wünschenswert, wenn das kollektive Sollen mehr zum authentischen Wollen würde. Dieser Konsens kann aber nicht durch Berufung auf den Universalismus im ontologischen Sinne als Wesenheit des Menschen zugeordnet werden. Mit der Frage der Willensfreiheit hat das nichts zu tun. Denn wir können nicht per freiem Willen aus freien Stücken entscheiden, welches Gewicht welche Moral bei unserer eigenen Willensbildung besitzt.

Handlungsfreiheit umdefinieren?

Handlungsfreiheit liegt nach Abschnitt 2.3 vor, wenn für einen Mensch unter den gegebenen inneren und äußeren Bedingungen seiner Lebenssituation die *Chance* besteht, seinen eigenen Willen ins Handeln umzusetzen.

- Je weniger innere und äußere Einschränkungen bestehen (Freiheit von Einschränkungen),
- je umfassender die mentale, physische, emotionale und moralische Kompetenz ist (Freiheit durch Kompetenz),
- je ausgeprägter die Selbstreflexion entwickelt ist (Freiheit durch Selbstreflexion),

desto größer ist die Chance, dieses Wollen auch im Handeln authentisch zu realisieren. Der Freiheitsbegriff betrifft also das Ergebnis der Willensbildung: die aus dem handlungswirksamen Wollen erwachsende Freiheit im Handeln. Der Mensch ist (graduell) unfrei, soweit sein eigener Wille wegen Einschränkungen, Kompetenzmangel, wenig entwickelter Selbstwahrnehmung geringe Chancen auf Umsetzung ins Handeln besitzt.

Damit wird die Formulierung gegenüber einer Wikipedia-Definition verändert (ebenfalls Abschnitt 2.3): Aus „Der Person ist möglich …" wird „Für die Person besteht die Chance …". Letzteres ist eine vorsichtige Formulierung, die mit dem veränderten Blickwinkel in diesem Essay zu tun hat: Die Freiheit wird in diesem Essay als „etwas Gegebenes" betrachtet; es ist uns in der Regel gegeben, lernen zu dürfen, und es ist uns in der Regel gegeben, eine Selbstwahrnehmung zu entwickeln etc. – das kontrastiert mit dem traditionellen Blickwinkel: Wir sind frei so zu handeln, wie wir es wollen; wir können jederzeit das lernen, was wir wollen, wir können uns selbst wahrnehmen, wenn wir nur wollen. „Möglich" klingt nach „abrufbares Potenzial" (Wikipedia), Chance klingt nach „dargebotene Gelegenheit" (dieser Essay). Die Wikipedia-Formulierung klingt eher nach dem selbstbestimmenden Menschen, die in diesem Essay verwendete Formulierung eher nach dem sich seiner Bedingtheit bewussten Menschen: Es liegt nicht in unserer Macht, in welchem Ausmaß wir den *eigenen* (authentischen) Willen realisieren können; aber wir können bereit und motiviert bleiben, uns in dieser Richtung zu bewegen!

3.16 Das Spezifische dieser Konzeption in zwölf Punkten

Anfangs in Kapitel 3 hatte ich zugesagt, dass ich ein Gedankengebäude vorstellen wolle,

- das dem Anspruch einer theoretischen Stimmigkeit genügt,
- das dem Anspruch einer Nützlichkeit in Bezug auf die praktische Lebensgestaltung Rechnung trägt, denn eine nur theoretische Stimmigkeit würde mir hier unbefriedigend erscheinen und

- das dem Klärungsbedarf zu häufigen (auch vorwissenschaftlichen) Fragen vieler Personen bezüglich der Willensfreiheit Rechnung trägt.

Ich habe nun versucht, wesentliche Elemente dieses Gedankengebäudes zur Fragestellung: „Frei ohne Willensfreiheit" vorzustellen. Einige Vertiefungen stehen aus und werden in den folgenden Kapiteln ergänzt. Ich hoffe jedoch, dass ich mit den Ausführungen in Kapitel 3 den drei Spiegelstrichen (theoretische Stimmigkeit der Konzeption, Nützlichkeit für praktische Lebensgestaltung, Integration von Antworten zu verschiedenen begleitenden Fragen, die bei der Abhandlung der Thematik entstehen) zumindest ansatzweise gerecht werden konnte.

Mir sind folgende 12 Punkte zur vorgestellten Betrachtung besonders wichtig:

1. In der Regel ist der Mensch frei: ihm ist in individuell kleinerem oder größerem Ausmaß die Chance gegeben, das zu tun und so zu handeln, wie er will (Handlungsfreiheit)! Diese, im Ausmaß variabel vorhandene, grundsätzliche Freiheit ist nicht auf wenige weise Menschen beschränkt!
2. In der Regel kann der Mensch lernen und so seine Chance vergrößern, das zu tun und so zu handeln, wie er will!
3. Insbesondere das Erweitern seiner physischen, mentalen, emotionalen und moralischen Kompetenz durch Lernen bedeutet einen Zugewinn an Handlungsfreiheit!
4. Speziell ermöglicht das Erlernen von Selbstwahrnehmung und Selbstreflexion, dass das eigene Wollen vom willensbildenden Menschen graduell besser erkannt wird und so die Qualität der Willensbildung verbessert sowie die Handlungsfreiheit erhöht wird!
5. Ob der Mensch lernt und was der Mensch lernt, liegt außerhalb seiner bewussten Steuerungsmöglichkeit. Richtung und

Ausmaß des Lernens sind durch Umweltprägung und innere Antriebe (Motivation) beeinflusst.

6. Das Ausmaß von Freiheit zum Handeln ist in der Regel nicht durch einen Bezug zu äußeren Maßstäben einzuordnen, sondern durch Bezug zum Selbst! Das bedeutet, dass gesellschaftlich wertende Einordnungen als z. B. „gut", „vernünftig", „rational", „empathisch" in der Regel einen ungeeigneten Maßstab für Freiheit darstellen, ebenso wie gesellschaftlich wertende Einordnungen als „böse", „unvernünftig", „irrational", „egoistisch" in der Regel einen ungeeigneten Maßstab für Unfreiheit darstellen.

7. Es ist jedoch möglich, dass die Verletzung anerkannter kultureller, äußerer Maßstäbe aufgrund (situativ oder permanent) fehlender persönlicher Voraussetzungen für Freiheit (unzureichende Kompetenz; wenig Selbstreflexion) erfolgt. Daraus sind relevante Folgen hinsichtlich der Zurechenbarkeit von Verantwortung und des gesellschaftlichen Umgangs mit der Verletzung anerkannter kultureller Maßstäbe ableitbar.

8. Willensfreiheit des Menschen wird in der hier vorgestellten Konzeption durch a) Alternativität, b) Autonomie und Intelligibilität, c) Urheberschaft charakterisiert. Diese Freiheit ist uns Menschen nicht gegeben.

9. Das Bewusstsein des Menschen ist vom Unbewussten und Unterbewussten beeinflusst (kognitive Verzerrung). Das heißt, dass die bewusstseinsbegleitete Abwägung bei der Willensbildung nicht frei ist!

10. Aus zwei Hauptgründen wird in dieser Konzeption Willensfreiheit *kategorisch* ausgeschlossen und nicht nur *graduell* „als mehr oder weniger vorhanden" gesehen: a) der Einfluss des Unterbewusstseins und Unbewusstseins auf das Bewusstsein und die bewusstseinsbegleitete Willensbildung ist grundsätzlich nicht kontrollierbar, b) eine Alternativität

(„Das Vermögen, sich unter gegebenen Umständen so oder anders zu entscheiden"), wie es als Charakteristik der Willensfreiheit verstanden wird, ist dem Menschen grundsätzlich nicht gegeben!

11. Aufgrund der unfreien Abwägung bei der Willensbildung beinhaltet somit die vergangenheitsbezogene Aussage: „Ich hätte mich unter gegebenen Bedingungen auch anders entscheiden können!"/„Du hättest in dieser Situation auch anders entscheiden können!" mit der damit verbundenen *Vorwerfbarkeit* einen gedanklichen Fehlschluss mit relevanten unerwünschten Folgen in der Selbstwahrnehmung, in der zwischenmenschlichen Kommunikation, in der rechtpolitischen Debatte um den Schuldbegriff sowie in der moral-philosophischen Debatte.

12. Motivation durch die „Selbstwahrnehmung als *frei*" ist für gegenwärtiges und zukünftiges Handeln ein wichtiger Antrieb. Es ist dabei unerheblich, ob diese Freiheit subjektiv als Willensfreiheit oder Handlungsfreiheit empfunden wird, auch wenn die Wahrnehmung als Willensfreiheit aus ontologisch-philosophischer Sicht als mentale Illusion zu betrachten ist. Ob der Mensch motiviert ist und in welchem Ausmaß, liegt außerhalb seiner bewussten Steuerungsmöglichkeit.

Die vorgestellte Analyse klammert eine Weiterführung der philosophischen Vereinbarkeitsdebatte (Ist Willensfreiheit mit dem Determinismus vereinbar?; auch: Kompatibilismusdebatte) aus, weil dies für die Fragestellung als unergiebig angesehen wird. Die vorgestellte Analyse klammert weitgehend die Diskussion um die Aussagekraft der Hirnforschung zur Frage der Willensfreiheit aus, geht aber davon aus, dass erkenntnistheoretische Schlussfolgerungen kompatibel mit den Befunden der Kognitionsforschung sein sollten.

4 Der Praxistest – Was zeigen die Beispiele?

Die folgenden Beispiele, teilweise fiktiv, sollen möglichst verschiedene Facetten der Thematik ansprechen und werden jeweils von mir genutzt, um die *Plausibilität* der Annahme einer fehlenden Willensfreiheit aus meiner Sicht zu begründen. Die Beispiele erlauben vielleicht zusammen mit ihrem Rückbezug auf das oben beschriebene Gedankengebäude (Kapitel 3) und durch den Versuch, zunächst sicherzustellen, dass wir über das Gleiche reden (Kapitel 2), eine konstruktivere und weniger abstrakte Diskussion als in der philosophischen Debatte um die Willensfreiheit bisher üblich.

4.1 Über den Wolken

„Über den Wolken

Muss die Freiheit wohl grenzenlos sein

Alle Ängste, alle Sorgen

Sagt man

Blieben darunter verborgen

Und dann

Würde was uns groß und wichtig erscheint

Plötzlich nichtig und klein",

singt Reinhard Mey in einem Lied von 1974, das wohl die meisten Zuhörenden ergreift, weil sie das Gefühl nachvollziehen können und mit der Sehnsucht nach Freiheit mitschwingen. Die Emotion, die damit verbunden ist, wird von vielen geteilt. Aber besingt Reinhard Mey hier die Willensfreiheit oder beschreibt er etwas anders? Und was bedeutet es, dass uns die lyrische Freiheitsbeschreibung so anrührt? Und wie wirkt es sich aus, wenn wir dann, wenn wir dem Lied von Reinhard Mey gelauscht haben, in einem philosophischen Vortrag hören, es gäbe keine Willensfreiheit?

Der Mensch ist in seiner Wahrnehmung von Gefühlen begleitet. Da verfängt der Begriff der Freiheit und wirkt emotional über den konkreten Zusammenhang, über die Bedeutung, die er z. B. im Lied von Reinhard Mey hat, hinaus auf andere Bereiche, die „eigentlich" einen anderen Freiheitsbegriff adressieren. Bei Reinhard Mey wird wohl die Befreiung von Einschränkungen (dass wir uns als Menschen nicht in die Lüfte erheben können) und die Freiheit durch Kompetenz (wir wünschten uns, fliegen zu können) und die Sehnsucht, sorgenfrei zu sein (ebenfalls Freiheit von Einschränkungen) besungen, also etwas anderes als Willensfreiheit. Dennoch ist garantiert: Die gewünschte Freiheit über den Wolken färbt auch auf die Hoffnung ab, einen freien Willen zu haben!

Bei anderen Erwähnungen der Freiheit in Kultur, Politik und Werbung ist es ähnlich: Freiheit wird mit positiver Assoziation verbunden und diese Assoziation färbt dann auf andere Zusammenhänge ab, so dass die Frage: „Gibt es Willensfreiheit?" mit deutlicher Befangenheit in unseren Abwägungen behandelt wird. Entsprechend gibt es eindeutige Schlagseite in der Debatte – Statistiker würden es einen „bias" (hier: „positive Voreingenommenheit") nennen!

All das hinterlässt gravierende Spuren in der Willensfreiheitsdebatte:

In einer repräsentativen Umfrage in den USA und in Singapur durch eine Gruppe von Hirnforschern ergab sich, dass 80 % der befragten Allgemeinbevölkerung davon ausgeht, dass wir einen freien Willen besitzen.[72] Was man genau unter „freiem Willen" versteht, wurde jedoch dabei nicht differenziert abgefragt!

Aber auch in Philosophenkreisen gibt es diesen „bias". In einer 2009 durchgeführten Erhebung wurde der Verbreitungsgrad der Positionen zur Willensfreiheit unter Philosophen ermittelt. Von 931 teilnehmenden Philosophen wurden zur Frage „Freier Wille" die Wahlmöglichkeiten „Ich akzeptiere" oder „Ich neige zu" wie folgt auf vier vorgegebene Positionen verteilt: Kompatibilismus (59,1 %), Libertarismus (13,7 %), Kein freier Wille (12,2 %), Andere (14,9 %).[73]

Zumindest vordergründig gibt es damit auch bei den Einordnungen der Philosophen eine klare Mehrheit, die an Willensfreiheit glauben. Interessant ist dann aber, dass wohl mehr als 70 %[74] der befragten Philosophinnen / Philosophen eine andere Definition von Willensfreiheit zugrunde legten, die nahe bei der in diesem Essay verwandten Definition für Handlungsfreiheit liegt (vgl. Abschnitt 3.15) und nicht jene Definition, die der Willensfreiheit im starken Sinne entspricht (Abschnitt 2.3). Nur eine kleine Minderheit der Philosophinnen / Philosophen verteidigt offensiv jenes Verständnis von Willensfreiheit, das im vorliegenden Essay ausdrücklich verworfen wird („Willensfreiheit im starken Sinne"). Das aber bleibt bei der vordergründigen Abfrage nach der Willensfreiheit verborgen und wird mit den Statistiken verschleiert.

Die verfälschende positive Voreingenommenheit mit – aus meiner Sicht – falschen Schlussfolgerungen durch ein wider-

---

72 https://www.bcf.uni-freiburg.de/ringvorlesung/2018-2019/john-haynes; besucht 1.4.2024

73 https://de.wikipedia.org/wiki/Freier_Wille; besucht 26.5.2024

74 59,1% (Kompatibilisten) plus 12,2% (kein freier Wille) > 70%. Bei Kompatibilisten wird eine „Willensfreiheit im starken Sinne" als nicht gegeben betrachtet (vgl. Abschnitt 3.15, dort „Willensfreiheit im schwächeren Sinne" bei den Kompatibilisten beschrieben).

sprüchliches oder ungeeignetes Verständnis des Begriffs „Willensfreiheit" prägt sowohl in Philosophenkreisen wie insbesondere in der Allgemeinbevölkerung noch immer die Debatte. Damit wird jedoch implizit das hier vorgetragene Argument der „unfreien Abwägung" (Abschnitt 3.4) durch ein vom Unbewussten und Unterbewussten unkontrollierbar beeinflusstes Bewusstsein bei der Debatte um die Willensfreiheit – also der *„bias in uns"* – aufs Schönste bestätigt.

4.2 Das unerwünscht servierte Glas Wasser

In einem Alltagskonflikt des Beziehungslebens stellte mir meine Frau fürsorgend ein Glas Wasser auf den Tisch. „Du solltest mehr trinken!" Ich bemerkte erstaunt, dass ich doch selbst auf mich achten und meine Trinkmenge selbst bestimmen wolle. Wenig später brachte sie wieder ein Glas Wasser. Ich fühlte mich zunehmend gefangen in der Fürsorge und machte ihr Vorwürfe.

Konnte sie denn nicht anders? Ich durfte ja davon ausgehen, dass sie mich nicht ärgern wollte. Und trotzdem! Offensichtlich obsiegte bei der Willensbildung meiner Frau ihr ausgeprägtes eingeprägtes Fürsorgeprogramm, nicht das Wissen um meine Allergie gegen freundliche Übergriffe, nicht das Vertrauen in meine Selbstverantwortlichkeit, nicht die Einsicht in die Ineffektivität ihrer Fürsorge, da ich oft tagelang, wenn wir uns nicht begegnen, ohnehin über die Trinkmenge allein entscheiden würde.

Dieses Beispiel hatte ich bereits einleitend erwähnt (Kapitel 1). Tatsächlich geht es dabei um eine Lappalie und diese Lappalie wäre es nicht wert, daran eine ganze Philosophie der Willensfreiheit aufzuhängen. Aber es lohnt aus meiner Sicht, diesen kleinen Konflikt tatsächlich etwas genauer anzuschauen, weil sich häufig genug die großen Fragen des Lebens in solchen Alltagssituationen der Willensbildung spiegeln und weil das undramatische Beispiel somit vielleicht plausibel erläutert, warum ich schließlich die Willensfreiheit (in der gegebenen Definition, Abschnitt 2.3) anzweifelte.

Zunächst mag man mir vorwerfen, dass es ja irrational und stur von mir sei, die freundliche Geste meiner Frau als Übergriff zurückzuweisen. Doch das ist nicht das Thema bei der Willensbildung meiner Frau, so dass ich meine Rolle hier nicht vertiefend diskutieren möchte.

Hatte meine Frau die Freiheit, meinen Wunsch zu respektieren und entsprechend das Glas Wasser wegzulassen, oder war ihr das – wegen fehlender Willensfreiheit – nicht möglich. Meine Beobachtung zeugt aus meiner Sicht davon, dass Letzteres zutrifft – sie hatte in jenen Situationen nicht die Freiheit, die Handlungsoption des Unterlassens („Schluss mit dem Glas Wasser!") als handlungswirksames Wollen zu wählen.

Eine Freundin verwies mich auf die Hormone. Es seien doch die Fürsorgehormone, die meine Frau zu diesem Handeln führten! Kann sein: die Willensbildung ist ein mehrdimensionaler Prozess, bei dem zahlreiche Determinanten mit uns nicht zugänglicher Gewichtung das Ergebnis der Abwägung insgesamt bestimmen und damit das handlungswirksame Wollen. Da mögen die Hormone eine Rolle mit hohem Gewicht gespielt haben. Oder aber es hat eine Projektion eine Rolle gespielt: das, was ich für mich will, sollte auch mein Mann wollen! Beide Einflussfaktoren würden eher über das Unbewusste (Hormone) oder Unterbewusste (psychologische Projektion) wirken. Aber es können auch bewusste Parameter eingeflossen sein: Der Gesundheitsreport im Fernsehen hat doch bewiesen, wie wichtig ausreichendes Trinken ist! Oder ein verzerrtes Menschenbild des Partners, dass ich doch „eigentlich" etwas anderes wolle als das, was ich vorgebe zu wollen. Was immer: ich finde zahlreiche mögliche Faktoren, die die Entscheidung meiner Frau beeinflusst haben mögen, ich finde keine plausiblen Anhaltspunkte, die nahelegen, dass sie ja auch in diesen Situationen eine andere Handlungsentscheidung als die, die sie gewählt hat, hätte treffen können.

Es bleibt ein wichtiger Hinweis: wir sprechen von der Vergangenheit! Die Erfahrungen meiner Frau und unsere Kommunikation können durchaus eine Veränderung bewirken, dass mit dem Lernen sich auch die Gewichtung der Gesundheits-Sachebene und des Respekts vor dem Wunsch des Partners verschieben. Oder aber: dass ich als Partner in größerem Umfang die Fürsorglichkeit meiner Frau genieße und sie somit das Glas Wasser weiterhin serviert werden darf. Tatsächlich erleben wir in unserer Beziehung über die lange Zeit der Gemeinsamkeit solche Veränderungen, die die Beweggründe unserer Abwägung in ihrer Gewichtung beeinflussen. Eben das macht Beziehung auch im bewussten Erleben so spannend! Die fehlende Willensfreiheit ist keinerlei Grund zur Resignation.

4.3 Lust auf Schokolade

Der Assistenzprofessor in Neuroentwicklung und Neuroökonomie Todd Hare, heute in Zürich, damals im kalifornischen Pasadena, veröffentlichte 2009 zusammen mit Kollegen eine interessante Studie: 37 Probanden, die eine Diät machten und drei Stunden nichts gegessen hatten, bekamen verschiedene Nahrungsmittel vorgesetzt – einerseits neutral schmeckendes Essen, andererseits zur Wahl zwei Speisen, die die Probanden subjektiv als entweder besonders schmackhaft eingeordnet hatten oder die als besonders gesund bewertet wurden. Die Probanden wurden zudem über Tests als entweder als „selbstkontrolliert" oder „impulsiv" in ihrem Verhalten eingeteilt.

Die selbstkontrollierten Personen wählten meist die gesunde Nahrung, die impulsiven Probanden wählten meist die leckere Nahrung. Die Gehirnaktivität im ventromedialen präfrontalen Kortex (vmPFC), wie sie mit einem bildgebenden Verfahren erfasst wurde, korrelierte mit dem subjektiven Wert des Nahrungsmittels (wie sehr es relativ zum neutralen Referenzobjekt präferiert wurde). Diese Hirnregion ist an der Repräsentation des subjektiven Werts von Belohnungen beteiligt. Bei den selbstkontrollierten Probanden korrelierte die Aktivität im vmPFC sowohl mit dem gesundheitlichen Wert wie mit der Schmackhaftigkeit, je statistisch signifikant, bei den impulsiven Personen korrelierte diese Aktivität nur mit der Schmackhaftigkeit. Der dorsolaterale Präfrontalkortex (dlPFC) war bei selbstkontrollierten Entscheidungen (leckeres, aber ungesundes Essen *zurückweisen*) stärker aktiviert als bei impulsiven Entscheidungen. Je stärker die Aktivierung im dlPFC war, desto geringer war die Aktivierung im vmPFC. Dies deutet nach den Autoren darauf hin, dass der subjektive Wert von leckerem Essen durch langfristige Ziele wie die Gesundheit heruntergeregelt sein könnte.[75] Ähnliche Veränderungen (verschobene Aktivitäten im dlPFC vs. vmPFC) wurden auch bei Suchtkranken im Verlauf stärker werdender Abhängigkeiten beobachtet, kommentiert der Humanmediziner Lukas Kohlenbach (2020)[76].

Diese Aussagen liefern interessante Korrelate von Wollen und Aktivität im Gehirn. Sie unterstützen oder widersprechen jedoch weder der These von Willensfreiheit noch der Unfreiheit.

Der Philosoph Peter Bieri, der ein kompatibilistisches Verständnis von Willensfreiheit vertritt, schlussfolgert korrekt aus ähnlichen Studien:

---

75 Hare et al. (2009) Science, 324; Self-control in decision making involves modulation of the vmPFC valuation system

76 https://www.dasgehirn.info/krankheiten/sucht/die-neurobiologie-dersucht; besucht 10.6.2024

„Übertragen auf den Fall von Wille und Gehirn heißt das: Das psychologische Profil einer Person kann sich nur dann verändern, wenn sich ihr neurobiologisches Profil verändert – wenngleich die neurobiologischen und psychologischen Geschichten ihrer jeweils eigenen Logik folgen. Das ist keine neue Entdeckung, sondern ein Gemeinplatz. Jeder, der ein Aspirin nimmt, glaubt daran … Keine psychologische Veränderung ohne physiologische Veränderung … Es gibt also nicht den geringsten Grund zu erschrecken, wenn wir vor den Tomografieaufnahmen unseres Gehirns sitzen und sehen, wie festgefügte naturgesetzliche Dinge vor sich gehen, wenn wir unsere Freiheit ausüben, indem wir uns entscheiden."

Andererseits darf man aus den beobachteten Korrelationen zwischen Willensbildung und Hirnaktivität aber auch keine Bestätigung von Willensfreiheit ablesen wollen, wie dies in dem Zitat von Bieri anklingt!

Weitergehend und unangemessen erfolgt diese Verknüpfung von Hirnaktivität und Willensfreiheit in der Publikation „Selbststeuerung" des Freiburger Internisten, Psychiaters und psychosomatischen Mediziners Joachim Bauer, der behauptet: „Die zweite Hemisphäre, das Stirnhirn, auch Präfrontaler Cortex genannt, bildet den Sitz des freien Willens." Weiter heißt es im Klappentext zu diesem Buch: „Studien zeigen: Seine Impulse kontrollieren und vorübergehende Anstrengungen auf sich nehmen zu können, ist nicht nur die unabdingbare Voraussetzung für langfristige persönliche Erfolge und gute soziale Beziehungen. Die Fähigkeit zur Selbststeuerung schützt vor allem auch die Gesundheit … Anstatt ständig den Reizen der Außenwelt zu folgen, sollten wir selbst entscheiden. Der freie Wille ist zurück, und das ist gut so."[77]

---

77 Joachim Bauer, Selbststeuerung, Die Wiederentdeckung des freien
   Willens; Blessing Karl Verlag, München, 2015

Spiegelt diese Schlussfolgerung, wie sie Bauer vornimmt, wirklich die Ergebnisse der neurobiologischen Studien wider? Aus meiner Sicht sind gänzlich andere Schlussfolgerungen zu ziehen:

- Wenn der Präfrontalkortex als „Sitz des Willens" bezeichnet wird, ist dies bereits sehr ungenau – den PFC als „Sitz des *freien* Willens" zu bezeichnen, ist jedoch unangemessen, da weder Mediziner noch Hirnforscher das Rätsel der Willensfreiheit lösen können. Der publizistische Vortrag solcher Meinungen wird allzu leicht in der Öffentlichkeit als Wahrheit der „Wissenschaft" verstanden und unterstützt damit irreführende Verzerrungen.
- Die Evolution hat dem Menschen unter anderem das vmPFC wie das dlPFC gegeben, weil beide jeweils in verschiedenen Willensbildungssituationen und darüber hinaus benötigt werden. Es macht keinen Sinn, die beiden Hirnregionen gegeneinander ausspielen zu wollen.

Hirnaktivität lässt sich nicht vollständig in die Begrifflichkeit von Freiheit oder Unfreiheit übersetzen. Eine integrierte Betrachtung des Bewussten zusammen mit dem Unbewussten und Unterbewussten, wie dies bei der Willensbildung erfolgt und wie dies für ein Verständnis dessen, was Willensfreiheit bedeutet, notwendig wäre, wird durch komplexe Interaktionen verhindert, da Reize in der Regel in mehreren Hirnregionen gleichzeitig verarbeitet werden.[78]

Insgesamt ermöglichen somit die Ergebnisse durch die Hirnforschung keine abschließende Beantwortung der Frage nach der Willensfreiheit. Die Befunde sind jedoch mit der Sichtweise in diesem Essay kompatibel, dass diese Willensfreiheit nicht gegeben ist.

---

78 https://de.wikipedia.org/wiki/Bewusstsein; besucht 1.4.2024

4.4 Unzureichend nachgedacht: Alkohol im Straßenverkehr

Stefan und Siggi hatten sich auf der Anhöhe an der Bank unter dem Kastanienbaum zu einem „Absacker" (einem Gläschen vom mitgebrachten Burgunderwein) zur frühen Abendstunde verabredet. Stefan kam zu Fuß und Siggi, der weiter entfernt wohnte, kam mit dem Auto. Wie üblich philosophierten sie gut gelaunt über das Leben. Der Wein mag seine Wirkung beim angeregten Gespräch beigetragen haben. Als Siggi später zum Auto gehen wollte, klopfte ihm Stefan auf die Schulter: „Dir ist klar, dass du mindestens zwei Viertele getrunken hast?" Siggi nickte, nachdem er eine Weile über die Mahnung nachgedacht hatte. Beide hatten eine lange Erfahrung mit Gesprächen zum Thema Alkohol und den diesbezüglichen Berichten von Gesundheitsämtern, Epidemiologen und Medizinern. „Ja, du weißt ja, dass ich Alkohol sehr gut abbaue und neulich bei der Kontrolle auch keine 0,5 Promille im Blut hatte". Etwas später setzte er sich ans Steuer. In der Dämmerung war nicht unbedingt zu erwarten gewesen, dass das Kind auf der wenig befahrenen Straße im Wohnviertel zwischen den dort parkenden Autos unvermittelt hervorspringen würde. Aber Siggi war grundsätzlich klar gewesen, dass eine solche Möglichkeit bestand. Er hatte das Risiko falsch eingeschätzt.

Hatte Siggi die innere Freiheit, das Auto bei der Anhöhe stehen zu lassen, und was ändert sich gegebenenfalls an dieser Frage, ob er bei der folgenden polizeilichen Unfallaufnahme anschließend mehr oder weniger als 0,5 Promille Blutalkohol hatte?

Es scheint offensichtlich, dass die Entscheidung von Siggi, alkoholisiert Auto zu fahren, keine freie Willensentscheidung darstellt. Zwar können wir von ihm erwarten, dass er die Gesetze kennt – es ist jedoch offensichtlich, dass sein Willensbildungsprozess diesem Aspekt – trotz bewusster Reflexion – eine (zu) niedrige Gewichtung zuordnet. Siggi nimmt auch eine Risikoabwägung und eine Fahrtüchtigkeitseinschätzung vor. Es ist anzunehmen, dass seine Einschätzung nicht dadurch modifiziert wurde, dass er schon 2 Gläser Wein getrunken hat. Stattdessen deutet seine Anfahrt zu dem Treffen auf einen Drink mit dem Auto an, dass die Willensbildung schon im nüchternen Zustand erfolgte und kein Umdenken zu erwarten war.

Die Handlungsfreiheit von Siggi war weitgehend gegeben: Siggi hat ohne äußere und innere Zwänge sein handlungswirksames Wollen in die Tat umgesetzt.

a) Eine adäquate Selbsteinschätzung seiner Kompetenz im Autofahren darf allerdings trotz der langen Erfahrung bezweifelt werden und ist (graduell, nicht gravierend) als vermutlich eingeschränkt anzusehen. Das deutet auf eine gewisse „Unfreiheit in der Selbstreflexion" hin.
b) Die ausreichende Informiertheit und mentale Kompetenz, die Rechtmäßigkeit seines Verhaltens einzuschätzen bzw. von der Unrechtmäßigkeit zu wissen, kann angenommen werden.

Die Zurechnung eines Fehlverhaltens ergibt sich aus dem faktischen Verletzen der Norm, da angesichts der zumutbaren gesetzlichen Anforderungen für die Einhaltung der Norm eine ausreichende mentale Kompetenz bei Siggi angenommen werden darf. Daher ist die Zurechenbarkeit auch bei fehlender Willensfreiheit zu vertreten. Siggi hätte nicht anders handeln können. Er konnte seine Kompetenz situativ nicht nutzen. Es ist wahrscheinlich, dass Siggi durch die Erfahrung lernt. Das bedeutet insbesondere, dass seine Selbstwahrnehmung verändert wird und seine Willensbildung dem kleinen Risiko der Gefährdung anderer Menschen einen anderen Stellenwert zumisst. Deshalb ist seine Willensfreiheit bei der nächsten vergleichbaren

Situation zwar ebenfalls unfrei. Aufgrund einer adäquateren Selbsteinschätzung („bessere Qualität der Willensbildung", vgl. Abschnitt 3.9) wird sich die Handlungsfreiheit tendenziell erhöhen.

Diese Aussage gilt grundsätzlich unabhängig von den Zäsurmarken von 0,3 oder 0,5 Promille. Die Zurechenbarkeit ist jedoch im Bereich zwischen 0,3 und 0,5 Promille aufgrund der konkreten Vor-Ort-Bedingungen (Verhalten des Kindes, verbleibender Zeitraum für das Reagieren des Autofahrers) zu beurteilen und nicht automatisch als Fehlverhalten zurechenbar.

Wenn in dieser Situation ein Strafgericht einen freien Willen unterstellt (vgl. Kasten, Abschnitt 3.13), dann würde Willensfreiheit bedeuten: „Es wird angenommen, dass Siggi die Freiheit hatte, anders zu denken als er gedacht hat, und es wird angenommen, dass er die Freiheit hatte, sich selbst anders einzuschätzen, als er sich selbst eingeschätzt hat!" Meines Erachtens zeigt diese Einordnung die Absurdität dieser Unterstellung.

Nur anders wird ein Schuh daraus:

Über 0,5 Promille: „Es wird angenommen, dass Siggi zwar unfrei in seinem Denken / in seinem Bewusstsein / in seiner Selbstwahrnehmung war (möglicherweise durch Prägung etc.), aber ihm ist die Verantwortlichkeit für sein Handeln zuzurechnen, weil er die grundsätzliche Kompetenz hatte, die Gesetzeslage zu befolgen. Er muss also lernen, in seinen Abwägungen der Gesetzeslage eine höhere Priorität einzuräumen."

Unter 0,5 Promille (vielleicht, je nach Umständen): „Es wird angenommen, dass Siggi zwar unfrei in seinem Denken / in seinem Bewusstsein / in seiner Selbstwahrnehmung war (möglicherweise durch Prägung etc.), aber ihm ist die Verantwortlichkeit für sein Handeln zuzurechnen, weil nach spezieller Würdigung der Umstände für ein soziales Miteinander ein vorsichtigerer Umgang mit dem verbliebenen Restrisiko nach ganz überwiegender gesellschaftlicher Sichtweise erforderlich ist! Siggi muss lernen, bei seinen Risikoabwägungen den sozialen Folgen eines unwahrscheinlichen Ereignisses mehr Gewicht zu geben. Darauf hat die Gesellschaft einen Anspruch!"

Das Wort Willensfreiheit in Verbindung mit dem Handeln von Siggi ist in jedem Falle fehl am Platz!

4.5 Bekennen Sie sich schuldig, Frau Merkel!

Kanzlerin Merkel setzte mit ihrer Zustimmung zum North Stream II-Projekt ihren politischen Willen in die Tat um: Die Röhre wurde ab 2018 gebaut. Sie mag dabei an den Begriff „Wandel durch Handel" gedacht haben, sie hatte den Ökonomen und dem Altkanzler Schröder gelauscht, die das Projekt priesen und als notwendig darstellten, und sie mag ihren alten Bekannten Wladimir Putin als in Vertragstreue zuverlässig eingeschätzt haben. Sie hatte zuvor (2014) aber auch von der Annektion der Krim erfahren müssen. Sie hatte die Warnungen der Baltischen Staaten, Polens, der Ukraine und der USA vernommen, die sich vehement von dem Projekt distanzierten. Auch ihr Parteikollege Norbert Röttgen hielt das Pipeline-Projekt außen- und energiepolitisch für falsch, wie die ZEIT im Oktober 2016 berichtete. Sie wurde in ihrer Haltung durch Außenminister Steinmeier bestärkt.

Hätte Angela Merkel, die in vielen Zusammenhängen den Begriff „alternativlos" nutzte (deshalb „Unwort des Jahres" von 2011), damals (2015 und wiederholt danach bis zu ihrer Abwahl 2021) die innere Freiheit gehabt, auch ein alternatives handlungswirksames Wollen hervorzubringen? Waren die äußeren Zwänge durch die Wirtschaftslobby und durch den Politikbetrieb so stark, dass aus diesem Grund keinerlei Spielraum für „innere Willensfreiheit" bestand? Ist ihr also aus heutiger Sicht mit Kenntnis der dramatischen Entwicklung des Themas der Vorwurf zu machen: „Du hättest auch anders wollen und handeln können!"? Einige „Experten" wie der Rostocker Politologe Wolfgang Muno erhoben eben solche Anklagen: „Wegen ,massiven und fahrlässigen Fehleinschätzungen' mit Blick auf Russland müssten sich einige frühere Mitglieder der Bundesregierung entschuldigen."[79]

In diesem Beispiel trifft Philosophie auf politischen Alltag und die Antwort auf meine Fragen ändert zwar nicht das Weltgeschehen im Nachhinein, beeinflusst jedoch die Debattenkultur und hat deshalb Relevanz für die Politikverdrossenheit.

Ich unterstelle, dass Frau Merkel – von außen betrachtet – durchaus andere Handlungsoptionen hatte. Sie hat diese aber nicht wählen können, weil in ihrer persönlichen Willensbildung die Abwägung unter bewusster Berücksichtigung

> ihrer ideellen Werte, ihrer Menschenkenntnis, ihrer ökonomischen Weltsicht, ihrer persönlichen Einschätzung der Person Putin, ihrer Bewertung der Einwände von Anrainerstaaten und Oppositionspolitikern, ihres politischen Gestaltungswillens usw.

tatsächlich keinen *Spielraum* für eine andere Entscheidung beließ. Natürlich beinhaltete ihre Abwägung nicht nur die „bewusste Berücksichtigung", sondern zugleich eine unbewusste und kaum zugängliche Beeinflussung ihrer Willensbildung durch die innere Einordnung eben dieser genannten Faktoren.

Der Vorwurf „massiver und fahrlässiger Fehleinschätzungen" unterstellt, dass sie während ihrer Willensbildung frei ge-

---

79 Meldung im Nordkurier: „Politologe – Nord Stream 2 ,nur die Spitze des Eisbergs'", 19.4.2022, dpa

wesen wäre, das politische Risiko der Northstream-II-Entscheidung anders einzuschätzen, als sie es getan hat. Das halte ich insbesondere wegen des Begriffs der Fahrlässigkeit für unangemessen! Aufgrund ihrer Prägung und ihres Bewusstseins in der damaligen Situation konnte die Kanzlerin nicht anders entscheiden, als sie entschieden hat; sie war nicht frei in ihrer Willensbildung. Das Kriterium der Definition eines freien Willens: „Alternativität" war für sie nicht gegeben, die Abwägung war nicht frei.

Ich gehe davon aus, dass die grundsätzliche Kompetenz bei Frau Merkel als Politikerin mit langer Erfahrung vorhanden war, dass ihr also keine Überforderung durch die Situation zu unterstellen ist. Es gibt zwar Hinweise, dass sie sich durch die SPD fremdbestimmt fühlte, da sie aber auch nach Beginn des Ukrainekriegs ihre Sichtweise von 2018 noch rechtfertigte, scheint mir die Problematik einer fehlenden Freiheit durch Einschränkungen nicht im Vordergrund bei ihrem Entscheiden gestanden zu haben. Frau Merkel war also vermutlich frei insofern, als sie die Voraussetzungen (die Kompetenz) besaß, eben die Politik zur Umsetzung vorzuschlagen, die sie selbst wollte. Dass sie jedoch damit in eine politische Richtung agierte, die sich später als energiepolitisch falsch und sich mit entsetzlichen Folgen für das geopolitische Gleichgewicht als destabilisierend erweisen sollte, lag außerhalb ihrer Wahl: sie verfügte über Handlungsfreiheit, hatte aber keine Willensfreiheit, alternativen Optionen zu folgen.

Frau Merkel hat hier einen Fehler gemacht, der ihr zuzurechnen ist, weil sie Kanzlerinnen-Verantwortung trug. Es bleibt zu hoffen, dass andere aus dem North-Stream-II-Desaster dazu lernen konnten. Ich sehe es als plausibel an, dass Frau Merkel genauso gehandelt hat, wie ihre Bedingtheit ihr das erlaubt hat.

4.6 Mutige Iranerin trotzt dem Kopftuchverbot

Im Juni 2023 ging die Lehrerin Narges aus der nordiranischen Stadt Rasht zum ersten Mal mit kurzer Hose auf die Straße. Nur für 15 Minuten. Länger hielt sie es nicht aus. „Ich hatte die ganze Zeit Angst, dass etwas passieren könnte", sagte sie danach. Eine Woche lang hatte sie über die Aktion nachgedacht. Frau Narges berichtet, dass in Großstädten sich sehr viele Frauen ganz ohne Kopftuch in der Öffentlichkeit zeigen, vor allem in den Vierteln der Wohlhabenderen. Die iranischen Machthaber sehen in der Unterwanderung der Kopftuchpflicht eine Gefahr für den Fortbestand der Islamischen Republik. Im Parlament wird derzeit ein neues „Gesetz zum Schutz der Keuschheits- und Kopftuchkultur" verhandelt. Der Oberste Richter des Landes erklärte, dass schon nach jetziger Rechtslage (2023) ein Verstoß gegen das Kopftuchgebot ein Verbrechen sei, was entsprechend bestraft werden könne.

Hätte Narges mit ihrem Wertesystem, ihrem Verständnis von Frauenrechten auch die innere Freiheit gehabt, anders zu handeln – hatte sie also Willensfreiheit, die Aktion zu unterlassen? Hätte sie entsprechend einer inneren Willensfreiheit auch mehr Mut aufbringen können, als „nur" eine Viertelstunde die Aktion durchzuziehen? Ist also das Ausmaß des Mutes eine Sache des freien Willens? Ist ihr vorzuwerfen, dass ihr angebliches Nachdenken über eine Woche offensichtlich kein „vernünftiges" Ergebnis einer Wahl erbrachte, denn sie gefährdet mit dem Rechtsbruch ihre Gesundheit, läuft Gefahr einer Gefängnis- oder Folterstrafe und sie wusste um die weitgehende Aussichtslosigkeit der Aktion aus bitterer Erfahrung von Mahsa Amini?

Wenn im Fall solcher mutigen Handlungen wie die der Lehrerin Narges von Freiheit gesprochen wird, ist in der Regel weniger eine vermeintliche Willensfreiheit gemeint als die Freiheit von Einschränkungen (vgl. Kapitel 2.3), für die von den Oppositionellen im Iran gekämpft wird. Das aber ist ein gänzlich anderes Thema und jede Vermischung mit der Willensfreiheit von Frau Narges führt dazu, dass wir aneinander vorbeireden würden!

Aus meiner Sicht ähnelt die Situation der von Luther auf dem Wormser Reichstag 1521, dem der Satz unterstellt wird: „Hier stehe ich. Ich kann nicht anders." Luther nimmt die Gefahr massiver Bestrafung in Kauf, weil sein Glaube und sein inneres moralisches Gesetz seine Willensentscheidung (nicht zu widerrufen) determiniert. Tatsächlich sagte Luther wohl: „Da mein Gewissen in den Worten Gottes gefangen ist, kann ich und will nichts widerrufen, weil es gefährlich und unmöglich ist, etwas gegen das Gewissen zu tun. Gott helfe mir."[80] Luthers Wille war – nach seiner Selbstwahrnehmung – von seinen verinnerlichten Werten so stark bestimmt, dass etwa eine Gesetzestreue demgegenüber völlig nachrangig wurde und sein handlungswirksames Wollen im Ergebnis nicht mehr beeinflusste.

Üblicherweise wird die Willensfreiheit an Beispielen diskutiert, wo es zur angeblichen freien Spielraum gehört, Gesetze einzuhalten. Der Gesetzes-Verletzer wird darauf hingewiesen, dass der Respekt vor dem Gesetz ja wohl in seiner freien Entscheidung liegen würde. Das liegt daran, dass wir die staatlichen Gesetze als akzeptable Norm verinnerlicht haben, deren Befolgung also in der Regel ein relevantes Gewicht bei unserer Willensbildung besitzt. Die Gesetzesbefolgung fällt uns leicht, woraus wir schlussfolgern, jeder habe wohl den inneren Spielraum, sich an das Gesetz zu halten. Narges oder Luther verpflichten sich jedoch gegenüber einem abweichenden (moralischen) Gesetz, so dass sie notwendigerweise anderen Determinanten bei ihrer Willensbildung folgen.

---

80 https://dcg-deutschland.de/aktuelles/2020/10/martin-luther-rebell-reformator-superstar/; besucht 1.4.2024

Ich glaube also, dass eine Aussage zu einem vermeintlichen Spielraum der Freiheit, Narges hätte auch auf die Aktion verzichten können, oder aber: Frau Narges hätte auch länger durchhalten können, vernachlässigen würde, mit welchem Gewicht die moralischen Werte ihren Abwägungsprozess auf die Handlungsoption lenkten, die sie gewählt hat. Alle ihre Ängste und begründeten Sorgen sind ebenfalls in ihren Abwägungsprozess eingeflossen: daraus ist Durchhalten über 15 Minuten geworden, nicht 60 Minuten und nicht 0 Minuten. Es erschiene mir nahezu arrogant, ihr hier einen Spielraum in Form solcher alternativen Optionen zuzuordnen.

Frau Narges zeigt einen sehr ausgeprägten starken Willen. Ich spekuliere, dass in den wohlhabenderen Kreisen bestimmte orthodoxe Interpretationen des Islam nach der Linie der Machthaber weniger Fuß fassen konnten. Die familiäre Prägung und die Erfahrungen zu Frauenrechten in ihrem Land haben diese Willensstärke vermutlich befördert, auch wenn in jeder Einzelperson das Ausmaß des Mutes und die Stärke des Willens unterschiedlich ausfällt – nicht, weil wir uns souverän einen starken oder schwächeren Willen auswählen können, sondern weil es einigen Personen gegeben ist, einen stärkeren oder eben nur einen schwächeren Willen zu entwickeln. Diese Kompetenz steht mit der „Freiheit durch Selbstreflexion" in Verbindung.

Mut macht frei – Frau Narges hat durch ihren großen Mut und durch ihre Selbstwahrnehmung ihrer Grenzen die gute Chance, das umzusetzen, was ihr persönlicher Wille ist. Insofern ist sie tatsächlich (relativ) frei (Handlungsfreiheit). Voraussetzung für diese Freiheit ist ein hohes Maß an Kompetenz und Selbstreflexion! Mir scheint das Beispiel aber auch zu erzählen, dass wir uns unser Ausmaß an Mut nicht auswählen können und dass wir insofern bei unserer Willensbildung nur in der Lage sind, so mutig zu handeln, wie das für uns in jeder Lebenssituation als stimmig erscheint. Ferner erzählt das Beispiel, dass verinnerlichte Werte sich bei manchen Personen sehr bestimmend auf die Willensbildung auswirken können, so dass übliche den Willen bestimmende Parameter wie das Schutzbedürfnis stark an Gewicht verlieren können. Bei diesem Beispiel herrscht eine Dilemma-Situation. Drei starke gegenläufige Bestimmungsgründe für das Handeln liegen vor (Schutzbedürfnis, Respekt vor der Ordnungsmacht und deren Gesetze, Mut zum moralischen Protest). Es ist unzulässig, die Wahlsituation oder einen Ausgang aus diesem Dilemma mit Willensfreiheit zu etikettieren. Demut vor diesem unfreien Abwägungsprozess ist erforderlich und die Lösung von Lehrerin Narges, die sie mit ihrer Selbstreflexion trifft, benötigt vollen Respekt, auch wenn sie unfrei sein musste: Sie konnte nicht anders! Wir Menschen haben nicht die Freiheit, diese Gewichtung zu verschieben und müssen uns z. B. deshalb keine Vorwürfe machen, wenn wir es nicht wagen sollten, uns bei gefährlichen Demonstrationen zu beteiligen. Es sei denn, wir dürfen von Lehrerin Narges etwas lernen.

4.7 Die Deformation des Kindersoldaten

Er war Opfer und Täter zugleich: Der Internationale Strafgerichtshof hat das Urteil gegen den Anführer der berüchtigten Rebellengruppe LRA, Dominic Ongwen, bestätigt. Die Berufungsrichter befanden den Ugander einstimmig der Verbrechen gegen die Menschlichkeit und Kriegsverbrechen für schuldig, wie das Gericht in Den Haag erklärte. Ongwen war im Februar 2021 unter anderem wegen Mordes, Vergewaltigung, Zwangsrekrutierung von Kindern, sexueller Sklaverei und mehrerer Angriffe auf die Zivilbevölkerung mit der *Widerstandsarmee des Herrn* (LRA) in Uganda verurteilt worden. Das Strafmaß von 25 Jahren Haft erging im Mai 2021. Gegen seine Verurteilung und das Strafmaß hatte der heute etwa 47-Jährige Berufung eingelegt. Nach Einschätzung seiner Anwälte wurde dabei unter anderem zu wenig seine eigene Entführung als Kind durch die LRA berücksichtigt. Beide Entscheidungen der ersten Instanz bestätigte die Berufungskammer.

Die Gewalt, der Dominic Ongwen als Kind ausgesetzt war, hatte sich bei der Entscheidung 2021 strafmildernd ausgewirkt. Die Höchststrafe, die das Gericht verhängen kann, liegt bei 30 Jahren Haft, in Ausnahmefällen auch lebenslang. Nach Angaben des Gerichtshofs handelte es sich um die umfangreichste Berufungsklage in der Geschichte des Den Haager Gerichts.

Ongwen war als Kind in Norduganda verschleppt worden und stieg zu einem Stellvertreter des flüchtigen LRA-Chefs Joseph Kony auf. Dem Gericht zufolge ließ Ongwen mehrere Jahre lang unter anderem Mädchen entführen, die als Sexsklavinnen missbraucht oder mit LRA-Kämpfern zwangsverheiratet wurden. Unter Ongwens Führung wurden demnach zudem Flüchtlingslager angegriffen und geplündert. Die LRA wird für den Tod, die Entführung und Vertreibung von zehntausenden Menschen verantwortlich gemacht und ist für ihre Brutalität bekannt.[81]

Die Geschichte von Dominic Ongwen macht in drastischer Weise klar, wie Prägung zur Deformation der Moral einer Person führen kann. Mit Abscheu betrachten wir sein Handeln. Wir fragen uns, wie ein Mensch zu solchen menschenverachtenden Taten kommt? Wie kommt „das Böse" in den Charakter des Rebellenführers? Wenn wir eine genetische Determination oder eine Krankheit in diesem Falle ausschließen – tatsächlich liegen

---

81 https://www.nzz.ch/international/kindersoldat-und-kriegsverbrecher-icc-verurteilt-dominic-ongwen-ld.1600008; besucht 1.4.2024

mir keine Hintergrundinformationen für diese Analyse vor –, und wenn wir metaphysisch-teuflische Ursachen „von außen" hier ohne Diskussion verwerfen, dann bleibt nur die deformierende Erfahrung aus seiner Kindheit als maßgebliche Ursache, vielleicht verstärkt durch Drogeneinfluss und/oder Beobachtung amoralischer Gräuel im späteren Leben. Geert Keil nennt solche Prägung eine „Disposition", die nicht ausreiche, um ein Handeln zu determinieren und platziert eine weiterhin vorhandene Willensfreiheit in den Raum zwischen Disposition und Ergebnis der Willensbildung.[82] Für mich ist keine innere oder äußere Kraft außer der elterlichen und Umwelt-Prägung erkennbar, die das grauenvolle Handeln von Ongwen erklären könnte, und für mich ist keine Kraft erkennbar, die Ongwen hier einen Freiraum für anderes Handeln gewähren könnte: der Rebellenführer verfügt nicht über Willensfreiheit; er konnte während langer Jahre nicht anders handeln, als er gehandelt hat. Lernen und Aneignung von anderer Moral waren ihm (bisher) nicht zugänglich!

Auch wenn unsere Wut und Empörung gegenüber Dominic Ongwen mehr als verständlich sind, wären also Rache- oder Vergeltungswünsche nicht die richtige Antwort der Justiz. Eine Zurechnung der Verantwortlichkeit ist dennoch möglich, sofern Ongwen nicht aufgrund „fehlender Freiheit durch Einschränkungen" bzw. „fehlender Freiheit durch unzureichende Kompetenz" einfach als krank und verantwortungsunfähig zu bezeichnen wäre (Abschnitt 3.13).

Die Gesellschaft kann verlangen, a) dass dieses Lernen über die Bestrafung eingefordert wird[83], b) dass sie geschützt wird vor potenziellen weiteren Gewalttätigkeiten des Rebellenführers,

---

82 Geert Keil, a.a.O., S. 130

83 Solche Konsequenzen fordert auch G. Keil, vermischt das aber mit unterstellter Willensfreiheit; ebenda

und c) dass andere ähnlich geprägte potenzielle Gewalttäter durch die Strafe an Ongwen abgeschreckt werden. Dem hat der Gerichtshof in Den Haag Rechnung getragen – die Urteilsbegründung ist mir nicht im Detail bekannt. Die Strafbemessung ist an dieser Stelle nicht zu bewerten.

4.8 Fußball fängt im Kopf an!

Das Redaktionsnetzwerk Deutschland (Sportbuzzer) meldet am 12.6.2022: „Auch im dritten Anlauf klappte es für die deutsche Nationalmannschaft nicht mit dem ersten Sieg in der neuen Nations-League-Saison. Gegen den vermeintlich schwächsten Gruppengegner Ungarn musste sich die DFB-Auswahl am Samstag mit einem 1:1 begnügen – schon wieder. Denn bereits gegen Europameister Italien sowie im Klassiker gegen England hatte es nur zu einem 1:1 gereicht. Das dritte Remis hätte es laut Jonas Hofmann, der das einzige Tor der deutschen Mannschaft erzielte, nicht geben müssen. ‚Ich muss das 2:1 machen, das nehme ich auf meine Kappe‘, haderte der Offensivspieler von Borussia Mönchengladbach am RTL-Mikrofon mit einer vertändelten Großchance.“

Das Beispiel macht vier Dinge deutlich: erstens führt das „handlungswirksame Wollen“ einer Person nicht notwendigerweise zum gewollten Handlungserfolg. Zweitens kann trotz Motivation und grundsätzlicher Kompetenz diese (hier physische) Kompetenz nicht immer abgerufen werden. Drittens unterliegt auch die mentale Kompetenz situativen Schwankungen, die es verhindern können, dass ein Mensch so handelt, wie er will. Und viertens ist die Bereitschaft zur Verantwortungsübernahme in der Gesellschaft nicht eng mit der Frage der Willensfreiheit verknüpft.

Wir dürfen grundsätzlich vermuten, dass der Nationalspieler (wie auch andere Mannschaftskollegen) *grundsätzlich* hinreichenden Antrieb hatte, das Spiel zu gewinnen. Dass dies nicht funktioniert hat, kann nicht nur dem Gegner zugeordnet werden, sondern lag – zumindest teilweise – daran, dass das Wollen, der Antrieb, *situativ* eingeschränkt war. Es kann spekuliert werden, welche Faktoren (z. B. Trainereinfluss, soziale Struktur in der Gruppe, mangelndes Verständnis der Rolle im Aufbauspiel, Stimmungsdämpfung durch vorangegangene Spiele („der Wurm drin!"), Ablenkung durch Selbstverliebtheit ins Dribbelspiel, Tagesstimmung etc.) der Motivation entgegengewirkt haben. Warum „verändelt" ein Spieler eine Großchance? „Fußball beginnt im Kopf" ist eine alte Sportlerweisheit[84]. Wenn diese mentale Bereitschaft nicht situativ abrufbar ist, ist der Wille nicht frei: der wahrgenommene (bewusste) und im Vorinterview geäußerte Wille zum Erfolg war nicht kompatibel mit den offensichtlich unterbewusst wirkenden Faktoren, die dann das handlungswirksame Wollen beeinflussten.

Grundsätzlich kann bei dem Nationalspieler eine mehr als ausreichende physische und mentale Kompetenz vorausgesetzt werden, um in seinem Handeln frei zu sein. „Im Training macht er den immer!". Die situative beschränkte Abrufbarkeit seiner mentalen und physischen Kompetenz beeinflussten jedoch die graduelle Handlungsfreiheit (vgl. Abschnitt 3.9; Abbildung 7; Fall A).

Tatsächlich wurde Jonas Hofmann auch hier keinerlei Vorwurf gemacht: es wurde weder vom Trainer noch von den Mitspielern dem Stürmer eine „Schuld" zugeordnet. Bei den Sportlern wird in ähnlichen Situationen in der Regel anerkannt, dass unser Wille nicht frei ist, obwohl allen klar ist, dass in erster Linie mentale und nicht physische Faktoren zum Fehler geführt

---

84 Erfolg im Fußball beginnt im Kopf | deinfussballtrainer.de

haben. Umso bemerkenswerter ist es, dass Hofmann Verantwortung für seinen Fehlschuss übernommen hat. Hier deutet sich ein kulturelles Verständnis von Verantwortung an, das abgekoppelt von der Willensfreiheit eine *Zurechnung* des Handlungserfolgs oder Misserfolgs akzeptiert. Diese Zurechenbarkeit wird also auch bei fehlender Willensfreiheit aufgrund der grundsätzlich vorhandenen Kompetenz (hier im Fußballspiel) angenommen! Hier versteckt sich also niemand hinter dem „ich konnte nicht anders handeln, als ich gehandelt habe – also bin ich nicht verantwortlich!" Verantwortung übernehmen und fehlende Willensfreiheit sind kompatibel (vgl. auch Abschnitt 5.2)!

4.9 Die Kreation der Kreatur

„Mozart wurde mit einem enormen natürlichen Talent geboren, sowohl für das Spiel von Instrumenten (unter anderem Klavier) und für das Komponieren. Sein Vater Leopold war ebenfalls ein begnadeter Musiker und war in der Lage, die Weiterentwicklung des Talents des Sohns zu fördern. Mozart wurde in eine Wiener Umgebung Mitte des 18. Jahrhunderts geboren, die diesen Prozess ebenfalls unterstützte. Unabhängig davon besaß Mozart ausreichend Motivation und Ermutigung, was es ihm ermöglichte, mit Disziplin und Eifer sein Potenzial zu entwickeln und das zu erreichen, was er erreichte."[85]

Wir würden einvernehmlich Mozart als genialen Schöpfer wunderbarer Musik bezeichnen. Wenn ich zugleich die genetische Veranlagung und Prägung als maßgeblich für das Schaffen des Menschen ansehe und so seine Begabung als determinierend

---

85 Paul Russell, Free Will, Art and Morality, Journal of Ethics (2008), 12, pp. 307–325 [Übersetzung FK]

für seine Willensbildung, entziehe ich nicht damit der musikalischen Schöpfung von Mozart die Originalität? Kann ein „Geschöpf" wie der Mensch im Wortsinne: „kreativ" sein, etwas schöpfen?

Diese Frage wird in der philosophischen Literatur intensiv diskutiert und Libertarianer wie Robert Kane tendieren zu einer anderen Antwort als Deterministen, die – etwa im Falle von Mozart – die Kausalität bei der Willensbildung von Mozart durch die beschriebenen Faktoren der Prägung bestens bestätigt sehen. Libertarianer wiederum befürchten, dass die Hochachtung vor dem Genie des Künstlers leide, wenn Mozarts Werk nur als Produkt seiner Begabung und seiner Umweltbedingungen angesehen würde. „Wenn die deterministische Einordnung des Schaffens von Mozart richtig wäre", beschreibt der schottische Philosoph Paul Russell die Sichtweise der Libertarianer, „dann wäre alles Lob ihm gegenüber (als Mensch und als Künstler) als flach und oberflächlich anzusehen und jegliche Auszeichnung und Ehre wären nicht wirklich verdient".

Aus meiner Sicht liegt hier eine typische Begriffsverwirrung vor, die freilich nicht zufällig entsteht. Zunächst müssen wir Mozart eine große Kompetenz und eine besonders ausgeprägte Selbstreflexion (er hatte eine ausgezeichnete Wahrnehmung von dem, welches Handlungsergebnis für ihn persönlich stimmig erschien) zuordnen. Beide Eigenschaften wurden durch Lernen / Training erheblich verstärkt. Das gibt ihm eine besonders weitgehende Handlungsfreiheit. Dass seine Willensbildung dagegen frei wäre, wird angesichts der geschilderten Kausalität nicht plausibel. Mozart könnte nicht anders komponieren, als es ihm gegeben war.

Hier wird also aus der „Freiheit durch Kompetenz und Selbstreflexion" mit gradueller Auswirkung auf die Handlungsfreiheit – aus meiner Sicht: fälschlicherweise – Willensfreiheit abgeleitet. Die schöpferische Kreativität wird mit (Willens-) freiheit assoziiert. Denn: wie sollte ein Schöpfer nicht frei sein in dem, was er schöpfen will? Hat sich Mozart nicht durch seinen Genius über seine Bedingungen hinausbewegt?

Hier ist ein zentraler Unterschied zwischen einem göttlichen Schöpfer und der Schöpfung durch die menschliche Kreatur zu beachten: Einmal erfolgt Schöpfung als Urschöpfung aus dem Nichts – das beinhaltet sozusagen göttliche Willensfreiheit. Das andere Mal ist es dem Menschen gegeben, aus seinem Unterbewussten und Unbewussten zu schöpfen und das Geschöpfte ins Bewusstsein zu heben. Der Künstler kann nicht bewusst sein Wollen wählen, er kann jedoch in das ihm gegebene Potenzial hineinhören und so *Eigenes* erschaffen – das beinhaltet ein sehr hohes Maß an Authentizität – Handlungsfreiheit.

Die Zurechnung des Opus zu Mozart und das tief empfundene Lob sollten wir indes aufrechterhalten. „Wir müssen nicht alles verdient haben, um darauf stolz sein zu dürfen", habe ich das in Abschnitt 3.8 erläutert. Im Gegenteil: in der Verbindung mit der Demut, über die Begabung für ein grandioses Meisterwerk verfügen zu dürfen, ergibt sich eine angemessene Einordnung.

4.10 Segnung gleichgeschlechtlicher Paare

Im Dezember 2023 meldeten die Tageszeitungen: „Homosexuelle Paare können ab sofort auch in der katholischen Kirche gesegnet werden. Dazu wird der Begriff des Segens in einer etwas komplizierteren Auslegung erweitert. Allerdings ... darf ein Geistlicher den Segen nicht im Rahmen eines Gottesdienstes erteilen ... Die Erklärung ... wurde von Papst Franziskus ausdrücklich genehmigt."[86] „Der frühere vatikanische Glaubens-

---

86 Vatikan: Papst erlaubt Segnung unverheirateter und homosexueller Paare - Politik - SZ.de (sueddeutsche.de); besucht 1.4.2024

präfekt Kardinal Gerhard Ludwig Müller hat das neue Vatikandokument zur Segnung homosexueller Paare scharf kritisiert. In einer zeitgleich von mehreren konservativen Internetportalen verbreiteten Stellungnahme bemängelte er nicht nur den Inhalt, sondern auch das Zustandekommen der Grundsatzerklärung: … Diese sei nicht von der Vollversammlung des Glaubensdikasteriums diskutiert und beschlossen worden. Zudem kritisierte er, die in dem Papier entwickelte neue Segensart könne weder aus der biblischen Überlieferung noch aus der Tradition der Kirche hergeleitet werden: ,Tatsächlich gibt es keine biblischen Texte oder Texte von Kirchenvätern oder Kirchenlehrern oder frühere Dokumente des Lehramtes, die die Schlussfolgerungen … stützen.' Außerdem habe dasselbe Dikasterium noch vor weniger als drei Jahren kategorisch die Möglichkeit abgelehnt, homosexuelle Paare zu segnen."[87]

Mit diesem Beispiel möchte ich auf die fast zwangsläufige Verbiegung unseres Bewusstseins in Abhängigkeit vom Zeitgeist verweisen. Verfechter der Willensfreiheit behaupten, mit seiner bewussten Willensbildung sei der Mensch in der Lage, sich frei für den Weg des Gesetzestreue und der christlichen Moral zu entscheiden.

Bei einer Betrachtung über die Zeiten hinweg lässt sich am Beispiel eines homosexuellen Paares demonstrieren, wie unfrei die Willensbildung, sich zu einer solchen gleichgeschlechtlichen Paarbeziehung bekennen zu wollen, einzuordnen ist: Das Liebesleben eines Schwulen war bis 1994 strafbar. Erst 2004 wurde der letzte Häftling wegen einvernehmlichen schwulen Sex aus einer 10-jährigen Haftstrafe entlassen. Wenn also eine betroffene Person ihren Willen nach der persönlichen Neigung aus-

---

87 https://www.domradio.de/artikel/proteste-gegen-vatikandokument-zur-segnung-queerer-paare; besucht 1.6.2024

richtete, musste sie bereit sein, gegen das Gesetz zu verstoßen: kann hier der Prozess der Willensbildung frei erfolgen?

Die Katholische Kirche brandmarkt homosexuelle Handlungen auch nach aktuellem Eintrag in Wikipedia: „Homosexuelle Handlungen … werden als ‚moralische Unordnung‘ betrachtet, die der ‚schöpferischen Weisheit Gottes entgegenstehen‘ und dem Naturrecht widersprechen, weil die ‚Weitergabe des Lebens‘ beim Geschlechtsakt ausgeschlossen bleibt. Sie … wären ‚in keinem Fall zu billigen‘“.[88] Dies muss nun in Verbindung mit einer Willensbildung nach sittlichen Maßstäben gebracht werden. Als Orientierung für die moralische Bewertung und zur diesbezüglichen Freiheit des Willens wurde 1969 in einem katholischen Morallexikon ausgeführt: „Die Hl. Schrift setzt die Willensfreiheit überall dort als selbstverständlich voraus, wo sie gebietet oder rät, lobt oder tadelt, Lohn oder Strafe verheißt … Echte Sittlichkeit hat die Willensfreiheit zur Voraussetzung. Der Bereich des Sittlichen deckt sich mit dem des freien Willens. Außerhalb des Bereiches des freien Willens gibt es keine Sittlichkeit.“[89] Für einen gläubigen Homosexuellen war und ist eine freie Abwägung nicht möglich, weil in der katholischen Kirche die gleichgeschlechtliche Liebe weiterhin als „nicht zu billigen“ gilt. Erst die Entscheidung des Papstes im Dezember 2023 hat die Skala verändert, da die vormalige schlechte Tat (einige Bischöfe nannten sie gar „Sünde“) nun mit päpstlichen Segen gelebt werden kann und die Partnerschaft (etwas versteckt außerhalb des Gottesdienstes) gesegnet werden darf. Wie aber sollen die moralischen Werte sich heute frei in der Willensbildung niederschlagen, wenn der homosexuelle Gläubige sich am Kardinal Müller orientiert?

---

88 https://de.wikipedia.org/wiki/Homosexualit%C3%A4t_und_r%C3%B6misch-katholische_Kirche; besucht 1.6.2024

89 https://www.stjosef.at/morallexikon/willensf.htm; besucht 1.6.2024

Das Beispiel macht sehr deutlich,

a) dass die Abwägung je nach gesellschaftlichen Nebenbedingungen jeweils unfrei erfolgt, wobei der massive Einfluss des jeweiligen Zeitgeists auf die (je unterschiedlichen) Gewichtungen der verschiedenen Kriterien bei dieser Abwägung hervorzuheben ist,

b) die Freiheit, die bei betroffenen gleichgeschlechtlichen Paaren vielleicht beobachtet werden kann, ist die Freiheit durch Selbstreflexion, wenn die Paare in einer Art „coming out" ihren eigenen Willen selbstbewusst umgesetzt haben. Dann hatten sie vielleicht wirklich die Chance, das zu tun, was sie wollten, also eine nicht versteckte Partnerschaft einzugehen. Dies wäre aber nur möglich, wenn sie aufgrund persönlicher Prägungen sich vom Zeitgeist abkoppelten: vor 1994 mussten sie die staatlichen Gesetze als nicht maßgeblich für sich betrachtet haben und auch heute noch müssen sie sich innerlich von der gewünschten Anerkennung durch die kirchliche Gemeinde weitgehend unabhängig machen. Eine solche Voraussetzung ist nach meiner Einordnung nicht mit Willensfreiheit vereinbar.

4.11 Das Ich-Bewusstsein des Putzerfisches

„Putzerfische sind so etwas wie die Friseure der Meere. In ihre Unterwasser-Salons kommen andere Fische als Kunden, um sich Parasiten vom Körper und aus dem Maul fressen zu lassen … [Um das „Selbst-Bewusstsein" dieser Fische zu bestätigen], zeigten die Wissenschaftler ihren Versuchstieren … statische Fotos. … Die Fische attackierten alle Fotos, auf denen ein fremdes Fischgesicht zu sehen war, egal, ob es auf dem eigenen Körper saß oder auf einem fremden. Sie sahen darin offenbar Artgenossen, die in ihr Territorium eindringen und ihnen die Kundschaft streitig machen wollten. Fotos mit dem eigenen Gesicht ließen sie dagegen in Ruhe. ... Um zu dem Schluss zu kommen, dass das Foto sie selbst zeigt, müssen die Tiere ... wie Menschen eine Art inneres Bild davon haben, wie ihr Gesicht aussieht, das sie dann mit der Abbildung vergleichen. Eine andere Möglichkeit, sich auf einem Foto zu identifizieren, gibt es nach Ansicht der Forscher nicht. ... Ein mentales Bild von sich selbst zu haben, ist ein gigantischer Entwicklungsschritt. Unter anderem gilt es als Voraussetzung für Emotionen, Wünsche und Intentionen und als Zeichen dafür, dass sich der kleine Fisch – ähnlich wie der Mensch – wahrscheinlich bewusst darüber ist, wer es selbst ist. .... [und, bezogen auf den vorgeschalteten Test zur Selbsterkennung im Spiegel:] ... Außer Putzerfischen haben auch Menschenaffen, Elefanten, Delphine, Pferde und Elstern den Spiegeltest bereits bestanden."[90]

Die Geschichte vom Putzerfisch deutet darauf hin, dass bereits deutlich vor den Zeiten von Adam und Eva zumindest ein klein wenig am Baum der Erkenntnis geknabbert wurde – mit all jenen bekannten Folgen? Das Beispiel ist in zweierlei Hinsicht interessant.

Erstens: Kaum jemand käme nun nach der Lektüre der Studie auf die Idee, dem Putzerfisch Willensfreiheit zuzuordnen, obwohl dieser Fisch offensichtlich über ein rudimentäres Bewusstsein verfügt. Kaum jemand würde beklagen, dass das Versagen von Willensfreiheit für diese Spezies dem Fisch fälschlicherweise „die Hölle der Ohnmacht" zuweise (wie dies Peter Bieri für den Menschen im Falle fehlenden freien Willens sieht). Stattdessen wird zunehmend anerkannt, dass vielleicht auch Putzerfische die Voraussetzung für Emotionen, Wünsche und

---

90 https://www.sueddeutsche.de/wissen/putzerfisch-spiegeltest-intelligenz-bei-tieren-fotos-1.5753672, 20.2.2023; besucht 26.05.2024

Intentionen haben, ohne deshalb in der Willensbildung frei zu sein. Ich meine, dass wir dem Putzerfisch getrost Handlungsfreiheit zuordnen können, auch wenn diese beschränkt ist, weil er ja das gefälschte Foto aufgrund mangelnder mentaler Kompetenz in seinem rudimentären Bewusstsein nicht als Täuschung erkennt. Aber der Fisch kann tun, was er will.

Zweitens: Einige Philosophen sind vom Phänomen der Emergenz[91] fasziniert und möchten dieses Phänomen auch für die Willensfreiheit beim Menschen erkennen.[92] Jede biologische Organisationsebene zeigt emergente Eigenschaften, die auf einfacheren Organisationsebenen noch nicht vorhanden waren. Das könnte im philosophischen Bereich heißen, dass höhere Seinsstufen durch neu auftauchende Qualitäten aus niederen entstehen. Ist Willensfreiheit – ontologisch betrachtet – ein Emergenzphänomen? Das Beispiel des Putzerfischs stellt jedoch eine solche Emergenz für das Thema der Willensfreiheit infrage, wenn bereits auf dieser „niedrigen" Organisationsebene Eigenschaften wie Selbst-Bewusstsein eine Rolle spielen. Ein in der Evolution graduell unterschiedliches Ausmaß an Selbst-Bewusstsein (von nicht vorhanden über rudimentär vorhanden bis ausgeprägt) spricht gegen ein emergentes Phänomen Willensfreiheit, das erst beim Menschen eine „neu auftauchende Qualität" wäre. Ein Gedanke, der zumindest denjenigen widerspricht, die eben den Menschen als einzig willensfreie Spezies (mit den vermeintlichen Folgen der Schuldfähigkeit etc.) sehen. Ich habe beschrieben, dass wir das evolutionär zunehmende Bewusstsein

---

91 Emergenz bezeichnet die Möglichkeit der Herausbildung von *neuen Eigenschaften* oder Strukturen eines Systems infolge des Zusammenspiels seiner Elemente; in der Philosophie könnten danach höhere Seinsstufen durch neu auftauchende Qualitäten aus niederen entstehen (nach Wikipedia)

92 Vgl. z. B. Christian List, Warum der freie Wille existiert; Karlsruhe/Leipzig, 2021

in gewisser Weise als Gegenspieler des Instinkts sehen sollten (mit bestimmten Vor- und Nachteilen bei der Willensbildung und mit graduellen Unterschieden in der Freiheit durch Kompetenz und Selbstreflexion; vgl. Abschnitt 3.5). Die Willensfreiheit als emergentes Phänomen zu beschreiben, ist dagegen spekulativ. Die Vorstellung der Emergenz scheint mir dadurch geboren, dass Kompatibilisten das Bild des Determinismus mit dem Glaube an eine Willensfreiheit zur Deckung bringen wollen.

Wie sagte Immanuel Kant? „Das Ich enthält das, was den Menschen von allen Tieren unterscheidet. Wenn ein Pferd den Gedanken Ich fassen könnte, so würde ich herunter steigen, und es als meine Gesellschaft betrachten müssen [...] Dieser Gedanke giebt ihm [dem Menschen] das Vermögen über alles".[93]

4.12 Warum die Diskrepanz?

In vielen fach- und populärwissenschaftlichen Abhandlungen und in der Alltagswahrnehmung zur Willensfreiheit gehen die meisten Autorinnen/Autoren und Leserinnen/Leser davon aus, dass wir einen freien Willen besitzen. Die vorgestellten Beispiele unterstützen diese Annahme nicht. Im Gegenteil: es wird gezeigt, dass es mit der Plausibilität der Annahme von Willensfreiheit nicht weit her ist. Aber wie kommt die Diskrepanz zustande? Geben uns die Beispiele des Kapitels 4 dazu Hinweise? Tatsächlich scheinen mir eine Reihe von nicht hinterfragten Denkgewohnheiten und eine psychologisch bedingte Vorein-

---

93 Moledo, F. (2019). Die kantische Auffassung des Menschen als Zweck der Schöpfung. In: Órdenes, P., Pickhan, A. (eds) Teleologische Reflexion in Kants Philosophie. Springer VS, Wiesbaden. https://doi.org/10.1007/978-3-658-23694-6_9; besucht 1.6.2024

genommenheit – sowohl bei Autoren wie bei Rezipienten – eine bedeutende Rolle bei dieser Diskrepanz zu spielen:

- Viele von uns übertragen die Bedeutung ähnlich lautender Begriffe in unangemessener Weise auf die gesamte Begriffsgruppe

Wir übertragen das emotionale und sprachliche Verständnis des Begriffs der Freiheit von der Freiheitsdefinition, auf der diese emotionale und sprachliche Wahrnehmung basiert, auf andere Definitionen von Freiheit, wo diese nicht mehr adäquat ist. Freiheit ist als „Freiheit von Einschränkungen" eine bedeutende Errungenschaft unserer Gesellschaftsform und färbt von diesem Begriff schnell auf „Willensfreiheit" ab: wir wollen gesellschaftliche Freiheit, also wollen wir auch Willensfreiheit! Doch dieses „also" ist nicht gut mit Inhalt zu füllen. Wir wollen Freiheit, also wollen wir auch Handlungsfreiheit, wäre eine weit schlüssigere Verknüpfung, die in der Denk- und Argumentationslinie dann leicht unter den Tisch fällt (Abschnitt 4.1). Die ungenügende Differenzierung des Freiheitsbegriffs trägt relevant zu Missverständnissen in der Kommunikation und zur Abwehr einer unvoreingenommeneren Diskussion des Themas Willensfreiheit bei.

- Viele von uns überhöhen die Bedeutung des Bewusstseins in unserer Bewertung als Kriterium von Willensfreiheit

Wenn der Mensch bei seiner abwägenden Willensbildung Bewusstsein, Vernunft und Rationalität einbringt, wird dies gerne auch ohne weitere Begründung unmittelbar mit Willensfreiheit in Verbindung gebracht. Das Handeln eines bewusst agierenden Menschen kann von anderen leichter nachvollzogen werden, noch mehr das Handeln eines vernünftig oder rational agierenden Menschen. Diese Orientierungsmöglichkeit führt zur unausgewogenen Verknüpfung von Freiheit und Bewusstsein, Vernunft und Rationalität. Wir wünschen uns oft mehr Rationalität und sehen diese daher in positivem Licht. Rationalität in der Willensbildung macht den Abwägungsprozess nicht automatisch freier. Die Vorstellung, dass nur der vernünftige Mensch der (willens-) freie Mensch wäre, ist in der Wahrnehmung der Menschen noch eng mit dem Verständnis der Willensfreiheit verwoben. Wir wissen, dass eine intelligibles handlungswirksames Wollen sich nicht regelmäßig mit dem authentischen Wollen deckt. Wir wissen, dass emotionsgeleitete Entscheidungen nicht automatisch vernünftig erscheinen. Frau Merkel ist nicht frei in ihrem Willen (Abschnitt 4.5), obwohl sie durchaus vernünftige und rational nachvollziehbare Politik betrieben hat. Die Iranerin Narges ist, was das Risiko ihrer Gesundheitsgefährdung anbetrifft, unvernünftig mit ihrer Demonstration gegen das Kopftuchverbot – ihre fehlende Willensfreiheit (Abschnitt 4.6) ist nicht mit dieser Unvernunft zu begründen!

- Viele von uns benötigen einen Optionsraum mit Wahlmöglichkeit, um sich frei zu fühlen und schlussfolgern daraus (fälschlicherweise) Willensfreiheit bei der Wahl

Wie bereits dem Bären für seinen Schlafplatz (Abschnitt 3.10) oder bei der Speisekarte eine gewisse Vielfalt der Gerichte oder bei der Bundestagswahl die Parteienliste – uns ist die Wahlmöglichkeit wichtig! Aber es handelt sich bei dieser Wahlmöglichkeit um die Gewährleistung von Handlungsfreiheit. Nach dem hier vorgetragenen Verständnis von Willensfreiheit ist die Wahl zwischen AfD und Grünen keineswegs frei, aber wir können unser Kreuz erfreulicherweise dort machen, wo wir wollen.

- Viele von uns verallgemeinern ihren persönlichen moralischen Maßstab auf alle Mitglieder der Gesellschaft

Es wird gerne unterstellt, dass eine willensbildende Person bestimmte Werte, die wir in unserem Kulturkreis in großer Mehrheit als „gut" und „erstrebenswert" interpretieren, auch ebenso als „gut" und „erstrebenswert" ansehen würde, wenn sie denn nur wollen würde. Und wenn uns selbst dieses Wollen leicht fällt, wird angenommen, dass es auch für andere ähnlich frei zugänglich sein müsste. Wenn aber für einen Menschen z.B. durch seine persönliche Prägung (der verbrecherische Vater) oder die Prägung in seiner Identitätsgruppe (z.B. die Mafiagruppe oder die rechtsextreme Partei) die Wertewelt deformiert ist, dann ist unsere Übertragung, der Willensbildende könne „frei" unsere kulturellen Werte in seiner Abwägung übernehmen, irrig. Das Beispiel des Kindersoldaten (Abschnitt 4.7) macht das unter anderem deutlich. Auch bei kleinen Unterschieden in der Wertewert, wie der Einordnung des Risikos von Alkohol im Straßenverkehr, ist die Übernahme gleicher Wertmaßstäbe (und gleicher Risikowahrnehmung) für verschiedene Menschen im gleichen Kulturkreis nicht Gegenstand einer freien Wahl (Abschnitt 4.4).

- Viele von uns verknüpfen das Vorhandensein von mentalen Kontrollfunktionen mit der Annahme, dass der Mensch in freier Weise über diese Kontrollmöglichkeiten verfügen könnte

Aus dem Vorhandensein (z.B.) einer Impulskontrolle im menschlichen Gehirn ergibt sich weder, dass diese Kontrolle regelmäßig bei der bewussten Willensbildung ausgeübt werden „soll", noch folgt aus dem Vorhandensein dieses Instruments, dass der Willensbildende einen frei verfügbaren

Maßstab in sich tragen würde, wann er die Impulskontrolle einsetzt und wann nicht. Die Impulskontrolle erweitert unseren Optionsraum bei der abwägenden Willensbildung (Abschnitt 3.3), hat aber nichts mit der Frage einer Willensfreiheit zu tun. Das Beispiel „Die Lust auf Schokolade" (Abschnitt 4.3) macht dies unter anderem deutlich.

- Viele von uns wehren uns gegen die Annahme von Notwendigkeiten, weil diese scheinbar im Gegensatz zur Freiheit stehen

Wenn das Wort „Freiheit" so emotional positiv besetzt ist wie skizziert, dann ist es umso schwerer, sich damit anzufreunden, dass es manchmal völlig in Ordnung ist, bestimmte Freiheiten nicht zu haben. Mit Freiheit als undifferenziert zu verwirklichendes Leitmotiv im Kopf kommt es dann schnell zu emotional einseitig beladenen Bildern des Menschen als „Marionette" oder der „Ohnmacht", wenn diese Freiheit (hier die Willensfreiheit) fehlen sollte (Abschnitt 4.11). Dabei würden wir zustimmen, wenn uns jemand sagte: „Wenn du Hunger hast, ist es einfach *notwendig*, etwas zu essen!" Hier sehen wir die Notwendigkeit ein und es ist in Ordnung, dass der Hunger unsere Willensbildung determiniert. Die Einsicht, dass wir unseren jeweiligen Gegebenheiten folgen und andere einen anderen Abwägungsalgorithmus mit anderen Gewichtungen verinnerlicht haben, ist ein hilfreicher Schritt, unsere jeweilige Notwendigkeit anzunehmen und (weder für uns selbst noch für den Nachbarn) diese *Gegebenheit* nicht als Ohnmacht oder Entzug einer angeblich wünschenswerten Freiheit misszuverstehen.

- Viele von uns gestehen sich nicht zu, auf Grund möglicher Illusionen zu handeln

Wer möchte schon gerne dazu stehen, dass für ihn die Willensentscheidung, ein Auto zu kaufen, weit mehr ist, als ein notwendiges Transportmittel zu erwerben. Es wird mit Raumbedarf, unpünktlichem öffentlichen Nahverkehr, harten Anforderungen aus dem Beruf und den unabweisbaren Familienwünschen eine rationale Begründung für das Auto und die gewählte Marke geliefert. Der Schweizer Journalist Marcel Hänggi analysierte jedoch treffend dazu in einem Kommentar 2021, was dahinter steht: „Das Auto ist vieles, bevor es Verkehrsmittel ist: Prestigeobjekt, Fetisch, Sportgerät, vor allem aber – ein großes Freiheitsversprechen."[94] Wir erliegen in diesem oder jenem Bereich gerne der Illusion der Werbung, ohne dass wir wirklich die „Freiheit" erwerben, die im Werbespot mitverkauft wird. Die Illusion der Freiheit wird gerne verkauft (Abschnitt 3.8). Völlig in Ordnung – aber wir sollten es uns vielleicht bewusst machen und mit einem Lächeln manchmal zugestehen.

- Viele von uns vermischen mehrere Begriffsdefinitionen zur Willensfreiheit, so dass die Diskussion verwirrend sein muss und keine klare Antwort ergeben kann

Wenn zwei Personen darüber kommunizieren, ob es eine Willensfreiheit denn gäbe oder nicht, ist es extrem hilfreich, wenn sie das Gleiche unter Willensfreiheit verstehen. Zudem sollte Einigkeit bestehen, ob die gewählte gemeinsame Definition denn für den Lebensalltag nützlich sein soll oder ob die Gesprächspartner eher eine akademisch-systematische Definition suchen. Ein Determinist wird Willensfrei-

---

94 https://www.moneta.ch/das-auto-und-die-freiheit; besucht 2.4.2024

heit in der Regel nicht „im starken Sinne" definieren (vgl. Abschnitte 2.3 und 4.1), während Strafrechtler bisweilen abweichend die Alternativität („Du hattest das Vermögen, dich unter gegebenen Umständen so oder anders entscheiden zu können!") als nützliches Charakteristikum der Willensfreiheit beiordnen (Abschnitt 3.13). Die Schlussfolgerungen sind jeweils sehr unterschiedlich.

- Viele von uns koppeln die Diskussion um die Willensfreiheit zu eng mit der Diskussion um andere philosophische Themenfelder (insbesondere Determinismusthema und Verantwortlichkeit)

Manche Schlussfolgerungen klingen auf den ersten Eindruck hin überzeugend, gehen aber von Voraussetzungen aus, die nicht hinterfragt sind. Fällt die Voraussetzung weg, erübrigt sich die Diskussion zu den Schlussfolgerungen. So wird sehr gerne über Willensfreiheit aus dem Blickwinkel diskutiert, ob denn diese Freiheit zum Determinismus passe oder nicht. Wenn Willensfreiheit nicht zum Determinismus passe, müsse diese entweder verworfen oder abweichend definiert werden, damit Kompatibilität bestehe. Möglicherweise ist es jedoch wesentlich sinnvoller, die Frage, ob eine Willensfreiheit (nach nützlicher Definition) bestehe oder nicht, von der Frage zu trennen, ob ein deterministisches oder indeterministisches Weltbild begründet werden kann. Dann kann es nicht passieren, dass die Beantwortung der Frage nach der Willensfreiheit von der Meinung zum Determinismus abhängt oder dass der Begriff der Willensfreiheit in seiner Definition in nicht hilfreicher Weise geändert wird, um zum Determinismusbegriff zu passen. Ähnlich bei der Kopplung zur Frage der Verantwortlichkeit: die Aussage, dass persönliche oder gesellschaftliche Verantwortung nur begründet werden könne, wenn man von einem freien Willen ausgehe, stellt eine Verknüpfung her, die so keineswegs zwingend ist. Tatsächlich werden dazu heute von Rechtswissenschaftlern gänzlich andere Positionen vertreten. Eine Entkopplung wurde also auch eine Veränderung üblicher Denkgewohnheiten bewirken.

- Viele von uns beachten zu wenig, dass der Zeitgeist den Begriff der Willensfreiheit immer (und in unterschiedlicher Weise) begleitet hat

Was früher als moralisch gut oder schlecht galt, muss heute nicht ebenso gesehen werden. Wir hatten als Beispiel die gesellschaftliche und rechtliche und religiöse Sichtweise auf homosexuelle Paare betrachtet (Abschnitt 4.10). Diese Verschiebungen zeigen sehr deutlich, dass nicht von einem universell gültigen Maßstab für das moralisch Gute oder Schlechte auszugehen ist, selbst wenn in vielen Kulturkreisen heute ähnliche und vergleichbare Maßstäbe bestehen mögen. Aber der Einfluss des Zeitgeistes ist auch in der gegenwärtigen Gesellschaft bei unterschiedlichen Identitätsgruppen zu beobachten; zum Beispiel dürften in den USA „Amish People" oder Evangelikale mit anderen Moralvorstellungen als Prägung aufwachsen als andere Identitätsgruppen. Das wird sich dann auch darauf auswirken, dass Abwägungen der Willensbildung je nach Zeitgeist in unfreier Weise verschoben werden.

Vor diesem Hintergrund ist es sehr verständlich, dass die philosophische Einordnung der Willensfreiheit durch unterschiedliche Denkgewohnheiten und durch unsere Wahrnehmungspsychologie verzerrt ist.

5 Ein wenig Weisheit

Farben sind ein klassisches Problem der *Qualia*-Debatte: Wie kommt es, dass bei der Verarbeitung von bestimmten Lichtwellen Farberlebnisse entstehen? Für mich wäre diese Diskussion dann spannend, wenn sich aus der Lösung dieses Rätsels mögliche Schlussfolgerungen für das menschliche Zusammenleben ergeben würden. Eine kognitionswissenschaftliche Diskussion um das phänomenologische Bewusstsein (Qualia) ohne die Chance, dass die Schlussfolgerungen Relevanz für den Alltag besäßen, wäre für mich unbefriedigend. So auch mit der philosophischen Debatte um die Willensfreiheit. Für mich ist die Frage, ob es einen freien Willen gibt, vor allem deshalb von Interesse, wenn die Ergebnisse sich auf mein praktisches Verständnis des Anderen und meiner selbst beziehen und sich in der Folge auf meine Kommunikation mit den Mitmenschen auswirken. Entsprechend fokussieren meine Fragen zur Willensfreiheit auf den Bezug zur praktischen Einstellung zum Leben als Einzelperson und als Individuum in der Gesellschaft.

5.1 Warum das Thema überhaupt wichtig ist

Die Annahme eines freien Willens führt für mich zu zwei zentralen Besorgnissen:

- erstens die Sorge, dass diese Annahme ein Freiheitsverständnis begünstigt, durch das wir unsere eigenen Grenzen als Geschöpfe auf diesem Planeten nicht demütig anerkennen,

- und – damit verknüpft – zweitens, die Sorge um eine Überheblichkeit mit der Unterstellung eines freien Willens, die im Schuldvorwurf (*Vorwerfbarkeit* eines Verhaltens) und Intoleranz gegenüber dem Anderssein und gegenüber unseren Grenzen (den eigenen Grenzen und denen der anderen) mündet.

Diese beiden Besorgnisse sind durch die *Definition* des freien Willens, wie sie in diesem Essay zugrunde gelegt wird (Abschnitt 2.3), konkretisiert.

Erstens kann der dort verwendete *Autonomie*begriff leicht zu einer Selbstüberhöhung nach biblischer Gottesebenbildlichkeit führen, bei der dem Menschen nicht bewusst ist, dass zwar jeder Mensch einzigartig in seiner Individualität ist, dass alle menschlichen Individuen jedoch – wie dies für alle Lebewesen zutrifft – den Gesetzen der Natur unterworfen sind. Friedrich Schiller schrieb: „Der Wille des Menschen ist ein erhabener Begriff, auch dann, wenn man auf seinen moralischen Gebrauch nicht achtet. Schon der bloße Wille erhebt den Menschen über die Tierheit; der moralische erhebt ihn zur Gottheit".[95] Eben diese Einordnung von Schiller wirkt auch in der Moderne noch immer nach – es scheint mir erforderlich, dieses Menschenbild zurechtzurücken!

Zweitens wird mit dem Stichwort der *Alternativität* in der Definition (i.e., dem Vermögen, unter gegebenen Bedingungen so oder anders zu entscheiden) diese angebliche Sonderrolle des Menschen im Vergleich zu anderen Lebewesen nochmals betont: es wird unterstellt, dass z. B. bestimmte Normen, die für die Mehrheitsgesellschaft maßgeblich sind, von jedem gesunden Menschen ebenso *als freie Wahl* (!) bei der Willensbildung ein-

---

95 Friedrich Schiller, Über Anmut und Würde, S. 240, Sämtliche Werke, Band V., Philosophische Schriften und Vermischte Schriften, Deutscher Bücherbund, Stuttgart

gehalten werden sollten und könnten, „wenn man nur wollte". Daraus leitet sich die *Vorwerfbarkeit* ab, wenn jemand willentlich (oder auch unbewusst) abweichend von dieser kulturellen Norm handelt. Schuld im strafrechtlichen Sinne bedeutet Vorwerfbarkeit.

5.2 Drei unerfüllbare Voraussetzungen

Ja, es könnte sie geben, die Willensfreiheit! Als vielleicht (?) paradiesisches Ziel, nur teilweise erfüllbar, aber doch als Aufgabe und Ausrichtung des Lebens. Das würde jedoch drei Voraussetzungen erfordern:

1. Die Gültigkeit des Universalismus in moralischen Fragen (etwa im Sinne des Kategorischen Imperativs)
2. Die Ausdehnung dieses universellen Maßstabs nicht nur auf moralische Fragen, sondern auch auf andere Themen der Willensbildung (im Sinne von: Was ist falsch und richtig im Leben?)
3. Ein Bewusstsein, auf das wir uns verlassen können, dass es uns zuverlässig (ohne unbeobachtete Beeinflussung durch Unterbewusstsein und Unbewusstsein) bei unseren Willensbildungsprozessen begleitet.

Diese Voraussetzungen sind nicht erfüllbar. Der Universalismus für ein für die gesamte Menschheit gültiges *Gutes*, ein allgemeinverbindliches *Sollen*, ein durchsetzbares und akzeptiertes Gesetzbuch weltweit, ist, wie ausgeführt, eine Illusion. Viele Fragen, zu denen wir streiten und respektlos mit dem Willen anderer umgehen, handeln nicht direkt von *Gut* und *Böse*, sondern von *Falsch* und *Richtig*, und eben da existiert ebenfalls kein universeller Maßstab. Die Übersetzung des kategorischen Imperativs auf die meisten Fragen der Willensbildung und Lebensgestaltung versagt in der Konkretisierung. Und unser Bewusstsein ist kein zuverlässiger Begleiter, um unser handlungswilliges Wollen auf universelle Maßstäbe auszurichten: es flunkert uns eine Geschichte vor, die dann unsere Willensbildung bestimmt.

Mit den drei Voraussetzungen könnten wir uns anhand des eindeutigen Maßstabs und der eindeutigen Erfassung, inwieweit wir uns dem jeweiligen Ziel nähern, mittels Bewusstsein zuverlässig orientieren. Eine Willensbildung, die sich bei den Abwägungen an diesem universellen Sollen, das zur Wesenheit des Menschen gehörte, ausrichtete, wäre (in beschränktem Umfang) frei. Natürlich nicht ganz frei, angesichts der Disposition durch die Charaktere und hemmender kultureller Widrigkeiten des Lebens.

Wenn die Voraussetzungen nicht gegeben und erfüllbar sind, dann ist es sinnvoll, die gedankliche Koppelung von Willensbildung und Willensfreiheit aufzugeben. Nicht halbherzig, sondern gänzlich. Wenn die Ziele der Willensbildung im Selbst liegen, so wäre ein Maßstab von Freiheit der Willensbildung, der im Universellen verankert ist, ungeeignet und für jede Person unterschiedlich. Wenn die Ziele der Willensbildung zwar durch Selbstwahrnehmung identifiziert werden, es jedoch erstrebenswert erscheint, nichtuniverselle kulturelle moralische Werte als persönlich akzeptierte Werte zu verinnerlichen, verlieren das Ziel und dessen Verbindlichkeit den Charakter einer Freiheitsverwirklichung. Bei anderen Handlungsoptionen, deren Auswahl als *falsch* oder *richtig* eingeordnet werden, hat der Willensfreiheitsbegriff nichts zu suchen. Bei alledem zeigt uns das Bewusstsein kein verlässliches Bild der Zielerreichung in der Abwägung der Handlungsoptionen. Die Diskussion um die Alternativität, um das persönliche Vermögen, unter gegebenen Bedingungen so oder anders zu entscheiden, also willentlich einem bestimmten Sollen entsprechend zu entscheiden (ein zentrales Kriterium dieser Freiheitsdiskussion), verliert ihren Sinn!

Es ist also vorzuschlagen, dass bei der Frage, unsere Willensbildung zu bewerten, nicht mehr die Willensfreiheit in den Mittelpunkt rückt, sondern drei andere Kriterien beachtet werden:

1. Besitze ich mit dem Ergebnis meiner Willensbildung die Chance, das *eigene Wollen* im Handeln umzusetzen?

Wenn dies ansatzweise zumindest ansatzweise zutrifft, kann ich eine gewisse Freiheit, nämlich (bedingte) Handlungsfreiheit, mit dem Ergebnis meiner Willensbildung, *wie immer diese zustande kam (!)*, annehmen.

2. Habe ich bei der Optionswahl im Rahmen meiner Willensbildung meine aktuelle mentale, emotionale, physische und moralische Kompetenz ausreichend berücksichtigt?

Denn nur bei dieser Ausdehnung meines Optionsraums auf meine Kompetenz kann ich mein Lernen in meiner Willensbildung berücksichtigen und in die Abwägung einbeziehen.

3. Ermöglicht meine Selbstreflexion eine Einordnung der Meinigkeit meines Wollens, also des Ausmaßes an Authentizität meines Wollens?

Denn es würde die Qualität der Willensbildung und die Verlässlichkeit der Einordnung meiner Handlungsfreiheit erheblich steigern, wenn ich das Narrativ meines Bewusstseins hinsichtlich der Qualität durch Selbstreflexion besser einordnen kann – das wäre ein reiferer Umgang mit meinen Potenzialen und Beschränktheiten!

Im Übrigen wird Willensfreiheit von denjenigen, die diese Idee in der fachphilosophischen Diskussion heute vertreten, sehr oft (und sehr missverständlich) weitgehend so verstanden, wie hier die Handlungsfreiheit definiert ist, hat also aus meiner

Sicht zu Recht die illusorische Qualität der Willensfreiheitsdefinition nach Kant'scher Begrifflichkeit verloren.

Ich plädiere dafür, die drei Kriterien für Handlungsfreiheit als bescheideneres Ziel der Lebensgestaltung zu beachten und damit ein Stück Freiheit zu gewinnen. Zwar ist ein universelles Sollen ein Menschheitstraum, aber ein Leben der Vielfalt mit heterogenen Maßstäben und Zielen und mit der kontroversen Begegnung dieser vielfältigen Lebensentwürfe scheint ein besseres Verständnis der Wirklichkeit. Wenn jedoch das Freiheitskriterium die Umsetzung der Meinigkeit bei der individuellen Willensbildung ist, dann sollten vier Prinzipien in dem Selbst der Menschen verankert sein:

1. Demut vor der begrenzten (Selbst-)Verstehbarkeit unseres Selbst und unseres Bewusstseins
2. Dankbarkeit für die uns gegebene Kompetenz und Lernfähigkeit
3. Respekt vor den Bedingtheiten und den Werten bei uns selbst und bei anderen
4. Soziale Verantwortung wegen der Unterschiede des uns jeweils persönlich Gegebenen.

Das sind keine Prinzipien, die Freiheit definieren, sondern moralische Orientierungen, für die es sich lohnt einzutreten, damit diese – verinnerlicht – unsere Willensbildung begleiten.

5.3 Gefahren- und Chancenabwägung

In diesem Essay wurde versucht, die Plausibilität einer fehlenden Willensfreiheit (nach der Definition in Abschnitt 2.3) darzustellen. Dieser Versuch entstand in der Annahme, dass die Feststellung fehlender Willensfreiheit *nützlich* sei, also vor allem menschliche Hybris gegenüber der Natur reduziere und ein respektvolleres Menschenbild fördere, als dies bei Annahme von Willensfreiheit gängig ist.

Nun gibt es zahlreiche psychologischen Studien, die sich insbesondere dafür interessiert haben, was mit Menschen passiert, die bisher an den freien Willen glaubten, die jedoch durch Erkenntnisse aus der Hirnforschung oder durch philosophische Betrachtungen wie in diesem Essay in ihrem Glauben an den freien Willen erschüttert und zum „Willensfreiheitsskeptiker" wurden.

Die Überprüfung einer philosophisch-ontologischen Frage durch Psychologen mag auf den ersten Blick irrelevant erscheinen. Prinz und Klohr (2007)[96] meinten, dass die Befragung von Psychologen zur Willensfreiheit etwa gleichbedeutend sei, als würden Zoologen zur Existenz von Einhörnern befragt. Das trifft aus meiner Sicht jedoch keineswegs zu. Die psychologische Wirkung der Einstellung der Menschen zur Willensfreiheit auf unsere Selbstwahrnehmung, unsere Moral und unser gesellschaftlichen Zusammenleben besitzt hohe Bedeutung für die Praxisrelevanz der philosophischen Debatte!

Die psychologischen Studien sind auch deshalb interessant, weil von einigen Philosophen ein Schreckensszenario an die Wand gemalt wurde: „Wenn es keine Willensfreiheit gäbe, dann müsste diese erfunden werden!" , weil sonst unsere freiheitlich demokratische Grundordnung, die Rechtsprechung, das soziale Miteinander, die Selbstmotivation etc. gefährdet seien. Auch Jürgen Habermas sieht die Annahme von Willensfreiheit als zentralen Eckpfeiler unserer Gesellschaft: „Unser gemeinschaftliches Leben basiert sowohl praktisch als auch begrifflich auf der

---

96 Prinz, W., & Klohr, C. (2007), zitiert nach Alison Lam, Folk Conceptions of Free Will: A Systematic Review and Narrative Synthesis of Psychological Research, Liverpool, Dissertationspapier, 2021, p.1

Evidenz der Willensfreiheit. So würden … der gegenseitige Zuspruch von Freiheit, die Einforderung von Verantwortung und auch der Vorwurf der Schuld als konstitutionelle Aspekte unserer gemeinschaftlichen Praxis ohne kontrafaktische Handlungsalternative keinen Sinn ergeben."[97]

Vielleicht ist es also kontraproduktiv, in diesem Essay zeigen zu wollen, dass es keine Willensfreiheit gibt. Selbst wenn es sich um eine Illusion handeln sollte (Abschnitt 3.8), so ist es möglicherweise angesichts der Natur des Menschen irrelevant oder gar abträglich, den Illusionscharakter der Willensfreiheit mit zahlreichen Argumenten herauszuarbeiten. Wenn die Erkenntnis vom fehlenden freien Willen zur Demotivation oder zu unsozialem Handeln führen würde, dann mag meine Sicht („Es existiert kein freier Wille") zwar korrekt sein, wäre aber für das menschliche Zusammenleben nicht nützlich.

Psychologische Studienbefunde

Übergreifende neuere psychologische Studien, die die Ergebnisse zahlreicher Einzeluntersuchungen zusammenfassen und kritisch analysieren, erlauben eine Zwischenbilanz zu dieser Thematik. Bei den neueren Studien handelt es sich um

- eine Metaanalyse von 145 Experimenten (davon 95 unveröffentlichten), die die Konsequenzen untersuchten, wenn Menschen aus der Allgemeinbevölkerung Informationen dafür vorgelegt wurden, dass kein freier Wille existiere (Oliver Genschow et al., 2023)[98] und um

---

97 Jürgen Habermas, Das Sprachspiel verantwortlicher Urheberschaft und das Problem der Willensfreiheit: Wie lässt sich der epistemische Dualismus mit dem ontologischen Monismus versöhnen? Zeitschrift für Philosophie, Vol. 56, 2006

98 Oliver Genschow und Emiel Cracco et al., Manipulating belief in free will and its downstream consequences: A meta-analysis, accepted manuscript

- eine systematische Übersichtsarbeit von Alison Lam (2021)[99], die dokumentiert, was das Verständnis von Willensfreiheit in der Allgemeinbevölkerung ausmacht, wobei 36 Einzelstudien mit insgesamt 10.176 Teilnehmern (hauptsächlich aus den USA [88 %]) ausgewertet wurden,

also jeweils Untersuchungen, die einen gewissen Grad von Repräsentativität für sich in Anspruch nehmen können.

Insgesamt sind die Ergebnisse aus den vielen Einzelstudien schlecht abgesichert oder in der Zusammenschau der Metaanalyse bzw. der systematischen Übersichtsarbeit nicht angemessen bestätigt. Im Einzelnen:

- Die Behauptung in einer frühen Studie, dass Skeptiker von Willensfreiheit tendenziell mehr lügen, betrügen und stehlen würden („austricksen"), konnte in Nachfolgestudien nicht bestätigt werden.
- Die Annahme, dass Menschen einen positiven Zusammenhang zwischen moralischer Verantwortlichkeit, entsprechender Motivation und freiem Willen sehen würden, konnte in Folgestudien nicht reproduziert werden.
- Auch das eigene moralische Verhalten und die Ansicht über freien Willen konnte nicht korreliert werden: Personen, die an den freien Willen glauben, sind deshalb (nach Befund in 4 Studien) nicht etwa die „netteren" Menschen.[100]

---

at Personality and Social Psychology Review before copyediting, 2022, https://pubmed.ncbi.nlm.nih.gov/35676864/

99 Alison Lam, Folk Conceptions of Free Will: A Systematic Review and Narrative Synthesis of Psychological Research, Liverpool, Dissertationspapier, 2021

100 Diese Studien sind nicht in den beiden Übersichtsarbeiten enthalten, jedoch Einzelbefunde jüngeren Datums: Crone, D. L., & Levy, N. L. (2019). Are Free Will Believers Nicer People? (Four Studies Suggest Not). Social Psychological and Personality Science, 10(5), 612-619

- Der frühere Befund, dass Erkenntnisse über fehlenden freien Willen anti-soziales Verhalten bewirken würden, war nicht länger signifikant (unzureichende Evidenz). Insgesamt waren die sogenannten negativen Folgewirkungen („downstream effects") bei Annahme fehlender Willensfreiheit nicht zu reproduzieren.

- Es wird wegen der Unterschiedlichkeit der Befunde aus den Einzelstudien und der Übersichtsarbeit (hier: Genschow et al., 2022) ausdrücklich darauf verwiesen, dass die Art der Präsentation der Erkenntnisse zur fehlenden Willensfreiheit die psychosozialen Folgeeffekte entscheidend beeinflussen könnten.

- Als zentrale Schlussfolgerung wird festgehalten, dass die Verhaltensfolgen und die gesellschaftlichen Folgen der Vermittlung der Botschaft, es gäbe keinen freien Willen, nach Auswertung der zahlreichen Einzeltest unklar bleibe.

- Aus Sicht des englischen Psychologen Tom Quinton (in Koautorschaft mit dem Kölner Oliver Genschow, dem Erstautor der hier angesprochenen Metaanalyse) [101] zu den Auswirkungen der Annahme eines fehlenden freien Willens auf das Sozialverhalten ergibt sich, dass kein gravierend negativer Einfluss auf das Sozialverhalten und die Kommunikation zu erwarten sei, wenn die Öffentlichkeit mit der These einer fehlenden Willensfreiheit konfrontiert wird. Als positiven Effekt erhofft sich der Autor gesellschaftliche Nutzen und größere Empathie gegenüber den Personen, die im Leben schlechtere Bedingungen erfahren haben und weniger Denken in Strafkategorien.

---

101 Tom St. Quinton et al., The role of free will beliefs in social behavior: Priority areas for future research, Consciousness and Cognition 115 (2023)

Die neuerliche Metaanalyse und die systematische Übersichtsarbeit zeigen also, dass die Befürchtungen mancher Autoren, dass mit dem Verzicht auf die Unterstellung einer Willensfreiheit unvermeidlich schwerwiegende negative Folgen verknüpft wären (vgl. etwa die Aussage von Habermas), nach derzeitigem Kenntnisstand nicht bestätigt werden können. Offensichtlich hängt die Überlegung, wie wir ohne freien Willen in unserer Gemeinschaft leben können, auch stark a) von der Definition der Willensfreiheit und b) von der Art der Präsentation der Folgen ab, was ein Leben ohne Willensfreiheit bedeuten würde. Auch die Unterstellung von Willensfreiheit kann sich nachteilig auf das gesellschaftliche Miteinander auswirken.

In diesem Essay wird eine neue Verknüpfung hergestellt: danach wird aus ontologisch-philosophischer Sicht als plausibel angenommen, dass es keine Willensfreiheit gibt, jedoch wird zugleich betont und differenziert begründet, dass Handlungsfreiheit erhalten bleibt und auch bei einem Menschen ohne Willensfreiheit wachsen kann: „Frei ohne Willensfreiheit". Die Auswirkung dieser Kombination auf die Sicht der Menschen, also die nützlichen oder schädlichen Implikationen für das soziale Gemeinschaftsleben, die Moral und die Selbstwahrnehmung, war bisher nicht Gegenstand einer differenzierten psychologischen Studie. Es darf also angenommen werden, dass die hier vorgetragenen Gedanken durchaus nützliche Auswirkungen auf das Selbstverständnis zu unserer Willensbildung und dem daraus abgeleiteten willentlichen Handeln besitzen können.

Es wird auch Personen geben, bei denen die Perspektive, ohne Willensfreiheit zu leben, antisoziale und demotivierende Wirkung besitzt. Dies ist bei der Einordnung der in diesem Essay vorgestellten Konzeption grundsätzlich nicht gänzlich auszuschließen! Es dürfte sich ähnlich wie bei anderen philosophischen Aussagen verhalten: wie bei Aristoteles oder Immanuel Kant ergeben sich manche Änderungen in der Wahrnehmung und Bewertung durch die Menschen erst über die Zeit: für den kulturellen Zeitgeist und die psychologische Einordnung wird eine Beharrungstendenz vermutet, wodurch Veränderungen, was als nützlich und was als nachteilig in unserem Weltbild angesehen wird, nur langsam eintreten.

Verlieren Lob und Tadel ohne Willensfreiheit ihren Sinn?

Als Kennzeichen von fehlender Willensfreiheit wird gerne hervorgehoben, dass dann ja „niemand mehr etwas dafür könne", was jemand macht und wie sie oder er handelt. Damit würden aber die Berechtigung für Lob, Tadel und Stolz hinfällig.

Es geht auch bei dieser Frage um Psychologie und damit nicht um eine objektive Einordnung, ob Lob, Tadel oder Stolz „berechtigt" wären, sondern darum, ob Lob, Tadel und Stolz auch dann ihre positive Wirkung beibehalten, wenn sie nur eine subjektive Meinung darstellen.

Ohne Frage behalten sie ihre positive Wirkung! Wie in Abschnitt 3.9 auch mithilfe von Beispielen erläutert, bedürfen der Stolz und das Lob keiner philosophischen Legitimation. Diese Motivatoren helfen, auch ohne Willensfreiheit! Für sich selbst und für andere. Das ist an jedem Kind eindrücklich zu erfahren (Kindern ordnen auch Vertreter der Willensfreiheit in der Regel keine solche Freiheit zu). Kinder sollten natürlich auch ohne freien Willen gelobt werden! Die Argumentation der Gegner dieser Ansicht vernachlässigt, dass Illusionen zum Leben gehören und auch dann oft positiv zu sehen sind, auch wenn sie als Illusionen erkannt sind. Ich empfinde es als ehrlich, mich über ein Lob zu freuen, Stolz zu empfinden oder einen Tadel anzunehmen, ohne dass mein Ego durch die erbrachte Leistung in arrogante Hybris umschlägt und ohne dass der Tadel zu Schuldgefühlen führt. Das Gegebene und das Nicht-Gegebene anzuerkennen, Dankbarkeit für das Gegebene zu empfinden und die

Motivation zur Weiterentwicklung zu empfinden, weil ich lernen darf – darum geht es! Lob, Stolz und Tadel erhalten so mehr Leichtigkeit, werden „mit einem Augenzwinkern" verstanden, weil ich mir bewusst bin, dass ich „in Wirklichkeit" keinen freien Willen besitze, aber ich kann aufgrund der Motivation durch Stolz, Lob und Tadel mein Potenzial weiterentwickeln und insofern freier werden!

Gibt es auch ohne Willensfreiheit Verantwortung?

Verantwortung bedeutet die Übernahme der Verpflichtung durch eine Person, „für die möglichen Folgen einer Handlung oder einer getroffenen Entscheidung einzustehen und gegebenenfalls dafür Rechenschaft abzulegen oder Strafen zu akzeptieren. Verantwortungsgefühl setzt ein Gewissen, die Kenntnis der Wertvorstellungen sowie der rechtlichen Vorschriften und sozialen Normen voraus … Die der Verantwortung zugrunde liegenden gesellschaftlichen Normen können einen rechtlichen, weltanschaulichen oder moralischen Ursprung haben. Die Verantwortung kann aber auch auf einem selbst gewählten Ideal als einer nur individuell gültigen Norm beruhen. Allerdings ist auch in diesem Fall der Anspruch an Wirkungen gegenüber anderen Personen oder Institutionen gebunden … Wenn einer Person die Verantwortung für eine bestimmte Aufgabe oder dauerhafte Aufgabenstellung zugewiesen ist, spricht man von *Verantwortlichkeit.*"[102]

Damit besteht eine enge Verknüpfung zwischen Handlungsfreiheit und Verantwortung: Verantwortung ist vorrangig die Fähigkeit, das eigene Können und die möglichen Folgen von Entscheidungen einzuschätzen und so zu handeln, dass die erwarteten Ziele mit größter Wahrscheinlichkeit erreicht werden.

---

102 https://de.wikipedia.org/wiki/Verantwortung; besucht am 2.6.2024

Verantwortungsinstanz ist unter anderem das Gewissen. Die Fähigkeit zur Einschätzung des eigenen Könnens und der möglichen Folgen von Entscheidungen wird durch die Selbstreflexion ermöglicht. Eine Instanz zur Einschätzung der Spannung oder Kongruenz zwischen handlungswirksamem Wollen und authentischem Wollen ist ebenfalls unter anderem das Gewissen.

Authentisches Handeln bedeutet somit auch verantwortliches Handeln und authentisches Handeln wie verantwortliches Handeln bedeuten Freiheit – eine kostbare Erkenntnis, über die es lohnt, nachzudenken. Wenn wir dazu erkennen dass es nicht nur eine Verantwortung gegenüber sich selbst, sondern auch eine Verantwortung gegenüber den Anderen gibt, dann gewinnt der Begriff der Meinigkeit, wie er mit dem authentischen Handeln verknüpft ist, eine Dimension, die Handlungsfreiheit nicht nur am individuellen Selbst festmacht, sondern auch am sozialen Selbst. Diese Integration reflektiert mein Freiheitsverständnis, wie es zum Wesen des Menschen gehört.

Die Übernahme von Verantwortung ist nicht an die Frage von Willensfreiheit gekoppelt. Von der Gesellschaft kann die Einhaltung bestimmter Normen gefordert werden und damit das Individuum für die Einhaltung bzw. Nichteinhaltung „verantwortlich machen", andererseits kann das Individuum in der Regel die Kompetenz entwickeln, a) Verantwortlichkeit zu übernehmen, b) die Zuweisung von Verantwortung zu akzeptieren, c) Verantwortlichkeit in seinem Handeln aufgrund der Kompetenz umzusetzen. Bei „weltanschaulichen und moralischen Normen", die nicht zugleich rechtliche Normen darstellen, ist jedoch diese Kompetenz nicht regelmäßig vorauszusetzen – hier können Prägungen ein „unverantwortliches" Handeln herbeiführen. Bei einem „selbst gewählten Ideal als einer nur individuell gültigen Norm" dürfte das Individuum Verantwortung übernehmen, obwohl dies zunächst nicht gesellschaftlich zu fordern ist. Hat dann aber jemand Verantwortung übernommen, wären die Folgen des Handelns dieser Person zuzurechnen, selbst wenn sie „der Verantwortung nicht gewachsen ist".

Die Übernahme von Verantwortung erfolgt aufgrund bestehender oder erwarteter Kompetenz, erweitert die Kompetenz und befördert so das persönliche Wachstum, kann aber auch bei Personen mit Verantwortung in einer Identitätsgruppe mit gesellschaftlich fragwürdigen Normen eine Deformation in der persönlichen Entwicklung beinhalten.

Lassen wir uns ohne Willensfreiheit hängen (Fatalismus und Demotivation)?

Die Befürchtung lautet: Wenn wir keinen freien Willen besitzen, dann passiert alles, was geschieht, ohnehin. Wir können nichts beeinflussen. Im Sinne eines vollständigen Determinismus (Abschnitt 2.4) ist alles vom Urknall bis in die ferne Zukunft festgelegt. Das wäre dann der befürchtete Fatalismus und eine Demotivation, überhaupt noch von der Couch aufzustehen, Verantwortung zu übernehmen und wachsen zu wollen. Der Heidelberger Psychotherapeut Matthias Richter formuliert diese Motivationslage so: Die „lebenspraktisch relevante Vertikalspannung" ginge verloren.[103]

Ein deprimierendes Bild! Ein Bild, dass den Skeptikern gegenüber der Willensfreiheit regelmäßig entgegengehalten wird. Und ein Bild, dass in diesem Essay keinesfalls unterstützt werden soll. Tatsächlich wird aber auch ein anderes Verständnis vermittelt:

- Es wird kein vollständig determiniertes Weltbild beschrieben. In einem offenen System mit situativer Determiniertheit

---

103 Matthias Richter, Willensfreiheit als existentielle Praxis, Zeitschrift für Praktische Philosophie Band 7, Heft 1, 2020, S. 69–102

des einzelnen Willensbildungsprozesses ist die Zukunft nicht bereits festgelegt (Abschnitt 3.12)!

- Der Mensch besitzt in der Regel die Fähigkeit und das Bedürfnis zu lernen, zusätzliche Handlungsoptionen umzusetzen und zu wachsen!
- Dieses Wachsen kann er mit Blick in die Zukunft durch die Selbstwahrnehmung der eigenen Kompetenz in Angriff nehmen. Die *lebenspraktisch relevante Vertikalspannung* ist weiterhin gewährleistet!
- Die Chance, seinen eigenen Willen ins Handeln umzusetzen, besteht nur, wenn der Mensch sein Selbst wahrnimmt, also aus dem Hinhören und bewusster Selbstreflexion in die Aktivität der versuchten Umsetzung übergeht!
- Das Wissen um die in der Regel vorhandene Lernfähigkeit erbringt auch die grundsätzliche Motivation, für eigene weltanschauliche und moralische Werte sich selbst gegenüber, der Partnerin/dem Partner gegenüber und der Gemeinschaft gegenüber zu kämpfen. Hier gibt es grundsätzlich die Chance auf Wirksamkeit und Selbstwirksamkeit!

Abwertungen durch Skeptiker und durch Vertreter der Willensfreiheit

Wenn ein Skeptiker der Willensfreiheit gegenüber einer anderen Person sagt: „Für dein Handeln kannst du nichts! Du konntest ja nicht anders handeln!", so kann das leicht „in den falschen Hals" geraten. Die entsprechende Person kann, insbesondere wenn sie an die eigene Willensfreiheit glaubt, sich „für nicht voll genommen" oder sich *begütigend* zum unfähigen Menschen abgestempelt fühlen. Wir haben es dann mit einem echten Kommunikationsproblem zu tun! Tatsächlich wäre eine solche Abwertung völlig konträr zu der in diesem Essay vertretenen Philosophie der fehlenden Willensfreiheit. Es ist nicht ausgeschlossen, dass solche Abwertungen erfolgen, sie würden dann aber auf eben der Hybris beruhen, die eher einigen Befürwortern der Willensfreiheit bisweilen zuzuordnen ist (siehe unten).

Die Aussage: „Für dein Handeln kannst du nichts! Du konntest ja nicht anders handeln!" wäre bei einem Fehler der Person, an die dieser Satz gerichtet ist, in etwas ausführlicherer Form angemessener: „Du hast einen Fehler gemacht. Dafür kannst du nichts! Denn es war dir nicht anders gegeben als so zu handeln, wie du in dieser Situation gehandelt hast! Aus meiner Sicht ist das ein Anlass zu lernen für künftige Situationen." Die so ergänzte, etwas ausführlichere Rede beinhaltet den erforderlichen Respekt für „das Gegebene", das mit unfreier Willensbildung situativ zu einem fehlerbehafteten handlungswirksamen Wollen geführt hatte. Die Aussage soll ausdrücklich gegenüber einem unangemessenen Schuldgefühl entlasten.

Wenn die Aussage: „Für dein Handeln kannst du nichts! Du konntest ja nicht anders handeln!" nur deshalb erfolgt, weil jemand eine andere Handlungsoption wählt, als sie der Skeptiker der Willensfreiheit begrüßen würde, dann ist die Wortwahl noch missverständlicher. Hier wäre eine andere Botschaft wesentlich klarer: „Aha, du wolltest also etwas anderes tun, als es mir persönlich sinnvoll erscheint. Offensichtlich hattest du hier eine andere Präferenz als ich. Das erkenne ich an." Hier gilt es, das Ergebnis der Willensbildung einfach respektvoll entgegenzunehmen, ohne zu thematisieren, dass diese Willensbildung nicht frei zustande kam. Denn die eigene (persönlich als besser bewertete) Präferenz ist natürlich ebenso unfrei zustande gekommen. Es gibt keine Hierarchie, jedoch subjektiv unterschiedliche Bewertungen. Offensichtlich gilt es zunächst nur, die Position des anderen zu respektieren. Im nächsten Schritt kann dann in Achtung der Andersartigkeit versucht werden, Konsequenzen zu ziehen (Diskussion der jeweiligen Hintergründe mit Einigung für das nächste Mal? Beibehaltung divergierender Handlungsoptionen? etc.).

Es ist also geradezu entgegengesetzt zur hier vorgetragenen Sichtweise „Frei ohne Willensfreiheit", wenn die Botschaft „Für dein Handeln kannst du nichts! Du konntest ja nicht anders handeln!" als implizite Abwertung eingesetzt wird. Allerdings bedarf es einer bemühten Kommunikation, um entsprechende Missverständnisse zu vermeiden!

Umgekehrt müssen sich Befürworter der Willensfreiheit damit auseinandersetzen, dass ihr Blickwinkel auf Personen mit eingeschränkter Kompetenz bisweilen sozial-negative Folgen haben kann, wenn sie intuitiv jedem anderen Menschen den freien Willen zuordnen, auch anders zu handeln – auch in Fällen, wo diese Willensfreiheit auch nach klassischem Verständnis eingeschränkt ist. Dazu gibt es empirische Studien:

- Opfer von Gewalttaten werden mit größerer Wahrscheinlichkeit selbst für ihre Leiden verantwortlich gemacht („selbst schuld"),
- Übergewichtige Personen werden mit größerer Wahrscheinlichkeit selbst für ihre Leiden verantwortlich gemacht („selbst schuld"),
- Personen mit geistigen Erkrankungen wie Schizophrenie werden mit größerer Wahrscheinlichkeit selbst für ihre Leiden verantwortlich gemacht („selbst schuld")[104].

---

104 Chandrashekar, S. P. (2020). It's in your control: Free will beliefs and attribution of blame to obese people and people with mental illness. Collabra-Psychology, 6(1), Article 29. https://doi.org/10.1525/collabra.305

Wenn Potenzial zum Machtmissbrauch wird

Die alttestamentliche Rede vom Menschen als Ebenbild Gottes beinhaltet die Gefahr der Hybris. Wer sich frei fühlt, indem er sich von den Naturgesetzen entkoppelt sieht, der verknüpft die vielen Handlungsoptionen, die ihm dank Bewusstsein und Kompetenz zur Verfügung stehen, leicht mit der Umsetzung des Machbaren. In der Regel ist die Beschränkung auf das moralisch Verantwortbare nicht ebenso ausgeprägt im Menschen verankert wie der Drang, Potenziale auszuschöpfen und scheinbar *lebensförderliche* Handlungsoptionen auch umzusetzen, also solche Handlungen zu verfolgen, die Vorteile gegenüber Konkurrenten unter knappen Bedingungen wahrscheinlicher machen. Das beinhaltet dann tendenziell ein Streben nach Macht und die Gefahr des Machtmissbrauchs.

Der Renaissance-Philosoph Giovanni Pico della Mirandola sah den Mensch von den Naturgesetzen entkoppelt. Der Schöpfer sagt in den Worten von Pico zu Adam: „Keinen bestimmten Platz habe ich dir zugewiesen, auch keine bestimmte äußere Erscheinung und auch nicht irgendeine besondere Gabe habe ich dir verliehen, Adam, damit du den Platz, das Aussehen und alle die Gaben, die du dir selber wünschst, nach deinem eigenen Willen und Entschluss erhalten und besitzen kannst. Die fest umrissene Natur der übrigen Geschöpfe entfaltet sich nur innerhalb der von mir vorgeschriebenen Gesetze. Du wirst von allen Einschränkungen frei nach deinem eigenen freien Willen, dem ich dich überlassen habe, dir selbst deine Natur bestimmen."[105]

Natürlich spiegelt sich in diesem Zitat der Zeitgeist der zweiten Hälfte des 15. Jahrhunderts wider. Aber die Botschaft ist noch heute nicht völlig verblasst und stellt weiterhin eine Gefahr dar,

---

105 Zitiert nach Anselm Bilgri, Symposion zum Thema „Würde" am 16.07.2018; https://www.akademie-der-musse.de/symposion-zum-thema-wuerde/; besucht 1.6.2024

die mit der Unterstellung von Willensfreiheit zu verknüpfen ist. So lebt das Paradigma: „und machet die Erde euch untertan und herrschet über die Fische im Meer und über die Vögel unter dem Himmel und über alles Getier, das auf Erden kriecht", (1. Buch Mose – Kapitel 1, Vers 28), es werden die Ressourcen der Erde übermäßig ausgebeutet, das technisch Machbare inklusive Besiedlungsversuchen anderer Planeten und der exzessiven Nutzung der Potenziale der Künstlichen Intelligenz wird unternommen und Diktatoren fühlen sich „von allen Einschränkungen frei".

Der Grundgedanke einer Dankbarkeit für das Gegebene, für die Beschränkung des Menschen als Kreatur, ist durch dieses naturentkoppelte Bild von Willensfreiheit des Menschen gefährdet. Im Verständnis dieses Essays besteht die Sorge, dass die gelernte Botschaft von der Willensfreiheit die Willensbildung verändert hat und weiter verändert: Die Prägung durch Denkvorstellungen von Pico della Mirandola kann z. B. die Möglichkeiten des Wollens (den grundsätzlichen Optionsraum) deformiert haben, so dass moralisch und weltanschaulich fragwürdiges Wollen leichter zum handlungswirksamen Wollen werden konnte.

5.4 Kompetenzerwerb als Schlüssel zu Freiheit!

Eine Kernbotschaft dieses Essays lautet: Freiheit ist möglich, und zwar durch Aneignung von Kompetenz; Kompetenzerwerb geschieht durch Lernen! Mit erweiterter Kompetenz habe ich die größere Chance, meinem *authentischen* (*eigenen*) Willen entsprechend zu handeln!

Da in jedem Moment *nach* einer abgeschlossenen Willensbildung weiterhin innere Faktoren und neue Umwelteinflüsse auf den Menschen einwirken, wird sich das situative Entscheidungsszenario nach der Festlegung des handlungswirksamen Wollens fortlaufend wandeln. Bei Entscheidungen, die mit einer gereiften Willensbildung einhergehen, wird diese Veränderung in der Regel nur langsam und in geringem Ausmaß zu erwarten sein. Die grundsätzlich vorhandene Änderungs*möglichkeit* ist jedoch von entscheidender Bedeutung.

Es gibt zum Beispiel folgende Einflüsse, die (nachträglich *nach* einer Entscheidung und *vor* einer weiteren Willensbildung) zur Änderung des Gewichts der einzelnen Determinanten einer Willensentscheidung führen können:

- Es kann sich ein „schlechtes Gewissen" zur gerade gefällten Entscheidung einstellen, das erst beim Handeln bewusst wird.
- Eine nicht erwartete Reaktion der Umwelt auf die eigene Entscheidung hin kann zur Wahrnehmung führen, dass die getroffene Entscheidung ein Fehler war.
- Ein späteres Erlebnis, das die Erfahrung der oder des Willensbildenden verändert, also etwa ein Gespräch mit Freunden, ein neuerlich gelesenes Buch oder ein dramatisches Ereignis in der Umgebung können, sofern verinnerlicht, die Determinanten für die nächste Willensbildung gegenüber der in der Vergangenheit getroffenen Entscheidung verändern.
- Eine gesellschaftlich nicht akzeptierte Handlung kann – von außen induziert – zu Sanktionen und Bestrafungen führen, die dann möglicherweise die Gewichte der Abwägungsdeterminanten für weitere Willensbildungsprozesse gravierend verändern.

Andererseits würden ein „gutes Gefühl", ein Erfolg, ein Lob aufgrund eines zurückliegenden Willensbildungsprozesses eine Affirmation und damit eine Verfestigung der Determinanten in künftigen Abwägungen bedeuten. Diese Verfestigung ist auch ein Lernerfolg!

Das Bewusstsein bietet dem Menschen nach Umsetzung einer Handlungsoption somit eine wichtige Rückmeldung. Je besser die Selbstwahrnehmung ausgeprägt ist, desto eher ist die Rückkopplung Ausgangspunkt für bewusstes Lernen, wobei auch unbewusst Rückkopplungen sich (z. B. auf das Körpergedächtnis) auswirken können. Die bewusste und unbewusste Wahrnehmung induziert dann einen Lernantrieb, um Diskrepanzen zwischen dem zurückliegenden „handwirkwirksamen Wollen" und einem authentischen Wollen künftig möglichst zu reduzieren. Dieser Versuch, entsprechende Kongruenz herzustellen, kann am ehesten gelingen, wenn zusätzliche Kompetenz erworben wird. Der Gedanke dieser Rückkopplung mit Begleitung durch das Bewusstsein ist in Abbildung 5 (Abschnitt 3.6; dort als Zyklus ③ hervorgehoben) schematisch dargestellt. Durch das Lernen kann sich so die *Qualität der Willensbildung* (Abschnitt 3.9) verbessern und in mehr Handlungsfreiheit münden.

Ob jedoch der Mensch tatsächlich lernt und was er genau lernt und wo er stattdessen verlernt, unterliegt nicht seiner freien Verfügung! Es handelt sich bei dieser Handlungsfreiheit also nur um eine *Chance* – denn man kann auch „das Falsche" lernen, also einen Weg gehen, der sich in späterer Zukunft für den Willensbildenden als Irrweg erweist. Und: das freie Handeln ist nicht notwendigerweise das Handeln, das die Gesellschaft als moralisch „gut" oder „richtig" empfindet. Handlungsfreiheit in dem in diesem Essay verstandenen Sinne beinhaltet nicht zwangsläufig vernünftiges, rationales oder moralisch gutes Handeln!

Je geübter ein Mensch darin ist, in sich selbst *hineinzuhorchen*, desto eher hat er in der Folge die Chance, das für ihn Richtige zu lernen! Der Mensch, der in seinem Reifeprozess durch das Erlernen von mentaler, physischer, emotionaler und moralischer Kompetenz in Verbindung mit erweiterter Kompetenz der Selbstreflexion ein authentischeres Leben erfährt, ist als freierer Mensch einzuschätzen!

5.5 Ist der Mensch ein moralisches Wesen?

Nach Immanuel Kant ist der Mensch nicht von Natur aus ein moralisches, jedoch ein vernunftfähiges Wesen mit einem Sollens- und Forderungscharakter der Vernunft, so dass die Forderung nach Vernunft als Pflicht gegen sich selbst zum Wesen des Menschen gehöre. Ist der Mensch von Vernunft geleitet, tut er, was er soll und berücksichtigt die Interessen anderer: er handelt moralisch. Dabei geht Kant von einem universell gültigen Maßstab für dieses Sollen im moralischen Handeln aus.[106]

Es ist zu befürchten, dass sich diese überhöhte Bedeutung der Vernunft aus Zeiten der Aufklärung in der Begrifflichkeit auch in der Moderne noch in relevantem Ausmaß gehalten hat, zumindest im Alltagsverständnis der Willensfreiheit. Damit werden unsere Intuition und das alltägliche Moral- und Rechtsempfinden von einer nicht mehr tragfähigen Zuordnung von Vernunft und Freiheit einerseits und Freiheit und Moral andererseits bestimmt.

Bewertung von Gefühlsqualität, von logischer Schlüssigkeit, von physischer Leistungsfähigkeit etc. sowie von moralischen Kriterien gehören zur bewussten Abwägung von Handlungsoptionen. In der Konzeption dieses Essays wird angenommen, dass Moral ein bedeutendes Kriterium bei der Willensbildung ist und insofern zur Wesenheit des Menschen gehört mit zuneh-

---

106 Omri Boehm und Daniel Kehlmann, Der bestirnte Himmel über mir, Ein Gespräch über Kant, Propyläen, Berlin, 2024

mender Relevanz beim erwachsen werdenden (reifer werdenden) Individuum.

Fünf spezifische Einordnungen verknüpfen die Willensbildung mit der Moral:

- Es gibt kein universell gültiges Gesetz, welche moralischen Normen in unsere Abwägungen bei der Willensbildung eingehen. Stattdessen werden zwar kulturell ähnliche, jedoch individuell durchaus unterschiedliche moralische Normen berücksichtigt. Es ist also keineswegs für alle Menschen gleich, was als „gut" und was als „böse" gilt.
- Die Gewichtung der moralischen Werte im Willensbildungsprozess können gegenüber anderen Bewertungsparametern bei der Abwägung sehr unterschiedlich sein und keineswegs regelmäßig die ausschlaggebenden Beweggründe für die Optionswahl. So kann eine Willensbildung sich weit weniger an moralischen Kriterien orientieren und stattdessen z. B. mehr an hedonistischen oder ökonomischen oder gesundheitlichen Motiven. Auch als „vernünftig" geltende Kriterien müssen keine dominierende Bedeutung in der Willensbildung des Menschen besitzen.
- Die vom Menschen zum Maßstab bei der Willensbildung genommenen moralischen Werte liegen nicht „außen", sondern im Selbst. Dabei können natürlich vom Individuum allgemeingültige Normen (wie religiöse Gebote, gesetzliche Vorgaben, Artikel der Menschenrechtscharta etc.) weitgehend oder ausschnittsweise als Abwägungsmaßstab verinnerlicht sein. Daraus ergibt sich das persönliche *Sollen*. Es ist jedoch ebenso möglich, dass Normen einer gemeinhin als unmoralisch geltenden Identitätsgruppe als Abwägungsmaßstab für eine Person verinnerlicht sind.
- Die Berücksichtigung moralischer Werte (und anderer Beweggründe wie hedonistischer oder ökonomischer oder ge-

sundheitlicher Motive) erfolgt nicht frei, d.h. die Auswahl und Gewichtung der Werte bei der willensbildenden Abwägung ist nur zum Teil dem Bewusstsein zugänglich und wird durch Anlage und umweltabhängige Faktoren im Bewusstsein wie im Unterbewussten und Unbewussten verankert.

- Der Maßstab gemäß moralischer Werte in der Willensbildung verändert sich über die Lebenserfahrung des Individuums durch das Lernen und die damit veränderte Kompetenz in Selbstwahrnehmung und Selbstreflexion (Abschnitt 5.4).

Das bedeutet, dass ein „moralisches Leben" nicht als Ausdruck gelebter Willensfreiheit interpretiert werden sollte[107]. Allerdings erfüllt ein „moralisches Leben" die Voraussetzungen für Handlungsfreiheit bei entsprechender Selbstreflexion. Moralische Maßstäbe werden bei der Willensbildung wahrgenommen und berücksichtigt: Eine Person, die in der Umsetzung ihrer Moral mit sich im Reinen ist, hat die Chance, so zu handeln, wie sie will!

5.6 Eine Freiheit zum Bösen?

Willensfreiheit im starken Sinne würde Alternativität im Wollen voraussetzen (Abschnitt 2.3). Es gäbe dann die freie Wahl, sich für „das Gute" zu entscheiden oder „das Böse" zu wählen. Für mich lautet die entscheidende Frage:

Woher, wenn nicht durch Prägung und situative Bedingungen, sollte dieses Böse zum Ergebnis einer Abwägung bei der Willensbildung werden?

Die Antworten der Befürworter von Willensfreiheit dazu sind unbefriedigend. Es wird beim Verbrecher z. B. von Habgier,

---

107 Vgl. auch Zitat von Friedrich Schiller in Abschnitt 5.2

Machtgelüsten, sexueller Perversion oder allgemein von „niederen Motiven" gesprochen – aber das wären ja die Prägungen, die jemanden zum Verbrecher machen, oder wie würden solche Charaktereigenschaften wie Habgier auf andere Weise als durch Prägung verinnerlicht? Es könnte ein äußerer „böser Geist", der Teufel oder die Schlange bemüht werden, was ich nicht weiter diskutieren möchte, wenn es eine plausiblere Erklärung gibt. Auch Immanuel Kant konnte in seinem Werk offensichtlich das Böse nicht schlüssig in sein Gedankengebäude integrieren.[108] Aber warum dann nicht einfach das zur Hand nehmen, was naheliegt? Genetische Disposition und Prägung durch ein schädliches Umfeld deformieren bei der Willensbildung das Unterbewusste und das Bewusstsein und führen zu eben jenen Resultaten, die wir das Böse nennen. Es kann auch kulturelle Prägung durch eine sektenartige Identifikationsgruppe sein, wenn wir z. B. an Aktionen der Reichsbürger denken oder wenn wir uns den Hintergrund für die „Banalität des Bösen" im Mitläufertum verständlich machen wollen. Das Obrigkeitsdenken, das mangelnde Selbstwertgefühl, eine reduzierte Empathiefähigkeit gehören zu den Prägungen, den kulturellen Defiziten, auf denen sich das Böse entfalten kann.

Das Böse kann nicht Ergebnis einer *freien* (!) Willensbildung sein. Die Prägung determiniert situativ, oder fixiert sogar langfristig, dass jemand Böses will! Bei Personen wie Adolf Eichmann kann man von einer (in der Selbstreflexion beschränkten) Handlungsfreiheit sprechen: er hat das gemacht, was er wollte. Er ist zur Verantwortung zu ziehen, weil er die Kompetenz hatte, andere Optionen zu leben. Aber seine Willensbildung war nicht frei.

Und natürlich verhält sich das bei kleineren „Sünden" identisch zu den Verbrechen: Wenn der Familienvater für einen Ein-

---

108 Vgl. Omri Boehm und Daniel Kehlmann, a.a.O., S.74

kauf beim benachbarten Bäcker seinen SUV aus der Garage holt, so ist das vielleicht nicht böse, wird aber gesellschaftlich als „schlecht" oder „unökologisch" bewertet. Es ist dies jedoch keine freie Entscheidung, sondern Ergebnis der Prägung dieses Familienvaters.

Das ist die Kehrseite des Bewusstseins: es werden – im Vergleich zum im Wesentlichen nach Instinkten agierenden Tier – viele zusätzliche Handlungsoptionen wahrgenommen und bewusst dahingehend bewertet, ob sie aus subjektiver Sicht als *lebensförderlich* angesehen werden können. Meint dann der Mensch, dass das Verbrechen, das Mitläufertum in einem verbrecherischen Staat oder das bequeme Nutzen eines umweltschädlichen Autos für ihn lebensförderlich wären, dann wird seine diesbezügliche Prägung die Abwägung zu einem handlungswirksamen Wollen führen, das wir als außenstehende Beobachter möglicherweise als „böse" oder „schlecht" bewerten.

Die Würde des Menschen wird jedoch eher gewahrt, wenn wir die Ursachen für das Böse/Schlechte in der Prägung sehen und nicht als freie Wahl des Delinquenten!

Natürlich müssen wir bei gravierenderen „bösen" Handlungen sicherstellen, dass die Gesellschaft vor den entsprechenden Auswirkungen geschützt wird und dass der Mensch mit einer deformierten Willensbildung zum Lernen verpflichtet wird. Ob er lernt, steht außerhalb unserer und seiner Macht.

Ich möchte nicht behaupten, dass ich ohne Vorwürfe durch das Leben gehen würde, weil ich eingesehen habe, dass der Schuldvorwurf aus der Annahme der Alternativität („Du hattest das Vermögen, unter gegebenen Bedingungen anders zu entscheiden! Dir ist vorzuwerfen, dass du dich nicht anders entschieden hast!") ungerechtfertigt ist (Abschnitt 5.1; Abschnitt 3.13). Ich habe große Wut – und auch Vergeltungsgelüste – auf Verbrecher wie Ongwen (Abschnitt 4.7). Aber ich erlebe eine tendenzielle Änderung durch verinnerlichtes Lernen. Das bedeutet, dass mein Vorwurf weniger lange anhält und sich auflöst in der Ursachensuche: wie kommt das Böse in die Prägung dieses Menschen? Wenn ich in Demut vor dem Gegebenen in mich hineinhorche, geht der Vorwurf zurück, tritt oft eine große Traurigkeit ein, wird eine selbstbewusste Abgrenzung vor der „bösen" Tat lebendig und ich suche nach Wegen, das bestimmende Programm des Bösen bei solchen Personen zu bekämpfen, zumindest zu mildern. Ongwen konnte nicht anders handeln als er gehandelt hat!

5.7 Ein Plädoyer für Vielfalt und Toleranz

Eine Schaffung und Erhaltung der Artenvielfalt von Lebewesen scheint zu den naturgesetzlichen Prinzipen des Lebens zu gehören, als Wert an sich und weil Vielfalt Sinn macht: Diese Vielfalt der Arten ist Ergebnis der Evolution. Diversität und Varianten einzelner Arten dienen dem Überleben in der Biosphäre und der Weiterentwicklung des Lebens auch unter möglichen zukünftigen Umweltbedingungen. Artenvielfalt basiert auf Veränderung, auch auf Mutationen und der Überlebensfähigkeit von Mutanten.

Aber Vielfalt scheint auch darüber hinaus ein zentrales Prinzip des Lebens zu sein. Das Vorhandensein mehrerer verschiedener Handlungsoptionen (Optionsraum) macht in ähnlicher Weise einen Sinn: Menschen sind verschieden! Diversität und Varianten der Handlungsmöglichkeit dienen dem Überleben des Einzelnen und der menschlichen Gemeinschaft und der Entfaltung und Weiterentwicklung des Lebens auch unter möglichen zukünftigen Umweltbedingungen (vgl. auch der Vorteil von Wahlmöglichkeit im Handeln bei Tieren; Abschnitt 3.10).

Die Erweiterung der Vielfalt von Handlungsoptionen ergibt sich für den Menschen durch Entwicklung von Kompetenz, also durch Lernen. Dadurch wird der Optionsraum für das Handeln vergrößert und verändert: es ergeben sich eine zusätzliche und qualifiziertere Handlungsoptionen, die in einer Vielfalt von Handlungen der menschlichen Individuen münden.

Gerade eine multikulturelle Gesellschaft benötigt Toleranz für Andersartigkeit und Zustimmung zur Vielfalt! Das Verständnis von Handlungsfreiheit, wie es in diesem Essay vertreten wird, steht im Gleichklang mit Vielfalt: Das jeweils authentische Wollen der Menschen ist unterschiedlich und bedeutet, dass verschiedene Menschen verschiedene Handlungsoptionen bevorzugen. Darin liegt ihre Handlungsfreiheit. Andererseits erleichtert die Einsicht in die fehlende Willensfreiheit das Annehmen dieser Vielfalt bei unseren Mitmenschen: aufgrund ihrer unfreien Willensbildung haben Menschen *nicht* das Vermögen, anders zu wollen (vgl. Begriff der Alternativität als Kriterium von Willensfreiheit), also sich etwa alle mit freiem Willen einer für alle gültigen homogenen Verhaltensnorm anzupassen. Die Erwartung: „Du kannst auch anders, wenn du dir nur Mühe gibst!" tendiert zur Forderung nach Homogenität, statt den Fokus auf den Respekt vor der Vielfalt zu richten!

5.8 Das Attribut der Freiheit als versteckter Vorwurf

Wenn sich das Moralverständnis und die Werte der verschiedenen Menschen in einer Gesellschaft unterscheiden, kann das zu Schwierigkeiten führen: bei der jeweiligen Willensbildung der Einzelpersonen kommt es deshalb zu einem unterschiedlichen handlungswirksamen Wollen, weil es heterogene Werte gibt, also unterschiedliches *Sollen*. Unterstellen wir Willensfreiheit, dann könnte einer Person vorgeworfen werden, dass sie die Alternativität (vgl. Abschnitt 2.4) bei ihrer Willensbildung nicht umsetzt. Dieser Vorwurf ist aus meiner Sicht nicht gerechtfertigt und kann das persönliche und politische Zusammenleben extrem belasten.

Die Erwartung, dass der Andere mein Sollen als sein Sollen übernehmen soll, ist in der alltäglichen Kommunikation ein gravierender Missstand, der durch die Vorstellung der Willensfreiheit befördert wird. Je mehr ich durch meine Denkgewohnheiten und kulturellen Prägungen erwarte, dass meine Bewertung auch deine Bewertung ist, vernachlässige ich den Respekt vor möglicherweise anderer Prägung und anderen, also abweichenden Ergebnissen der Willensbildung bei meinen Mitmenschen mit anderen Kulturhintergrund, aus anderen Identitätsgruppen und mit anderem Familienhintergrund. Diese Erwartung: „es ist doch leicht, sich so zu entscheiden, wie ich mich entschieden habe, also entscheide du dich im Einklang damit" wird unversehens zur Aufforderung: „Du hast einen freien Willen, also nutze ihn im Sinne der Alternativität, um dich konform zu meinen Werten zu verhalten!" Hier wird der Hinweis auf die Freiheit zum versteckten Vorwurf bezüglich der Wesensunterschiede! Der Maßstab dabei sind die eigenen Werte, die Werte der Identitätsgruppe, die Werte (z. B.) der Mehrheitskultur, der sogenannten *Leitkultur*. Dieses Freiheitsverständnis behindert Respekt und Toleranz.

In unserer Gesellschaft wird der Toleranz gegenüber der individuellen Vielfalt der Menschheit eine zentrale Bedeutung zugeordnet, heute insbesondere deshalb, weil durch Migration eine globale Vermischung von kulturellen Andersartigkeiten zu integrieren ist. Aber auch in einer homogeneren Kultur sind individuelle Unterschiede anzuerkennen. Die geforderte Akzeptanz einer bunten Gesellschaft gehört zu den Errungenschaften der Demokratie und zu den Basisregeln für eine gelungene zwischenmenschliche Beziehung. Dieser Grundsatz beinhaltet Respekt vor der Würde einer Person in ihrer jeweils unterschiedlichen persönlichen Art: Jeder Mensch tickt anders!

Hier gilt es, sich z. B. nicht zu empören, wenn der Mitmensch beim Discounter einkauft, während die eigene Einkaufsphilosophie mich vielleicht in den Bioladen führt. Bereits bei solchen lappalienartig erscheinenden Unterschieden kann es bei engerem Zusammenleben zu Vorwürfen kommen: „Wie kann man nur so wenig gesundheitsbewusst einkaufen?" Stattdessen wären die Schlussfolgerungen aus diesem Essay:

- Der beim Discounter einkaufende Mitmensch hat andere Prioritäten bei seiner Willensbildung. Vielleicht gibt es für ihn ein anderes Sollen: die ökonomischen Kriterien haben mehr Gewicht als die gesundheitlichen Kriterien o. ä. Da gibt es kein universell gültiges „besser" oder „schlechter".
- Der Gedanke, der Andere hätte ja eigentlich die (Willens-) *Freiheit*, so einzukaufen, wie das meiner Abwägung entspräche, ist abwegig. Hier führt der Begriff Freiheit in die falsche Richtung! Stattdessen ist meine erste Reaktion der Respekt vor seiner Entscheidung.
- Wenn ich diese Entscheidung des Anderen nicht „gut" finde, z. B., weil sich das auch auf die gesundheitliche Qualität des gemeinsamen Mittagsessens auswirken kann, so darf dies also nicht bedeuten, dass ich Vorwürfe entwickele. Stattdessen mag es manchen Menschen helfen, sich klarzumachen, dass dem Anderen genau nur die Handlungsoption zur Verfügung stand, die er bisher bei seinen Einkaufsgewohnheiten getroffen hat, da er keine Willensfreiheit besitzt. Positiv formuliert lautet das: „Der Andere konnte sich aufgrund seiner Bedingtheit bisher nur für jene Option entscheiden, während ich mich aufgrund meiner Bedingtheit bisher nur

für diese Option entscheiden kann!" Ich stehe zu meiner Bedingtheit und respektiere seine Bedingtheit!

- Positiv kann dies auch als Handlungsfreiheit empfunden werden. Der Andere ist ebenso frei in seinem Handeln, wie ich das für mich beanspruche. Ich habe aus Respekt kein Recht, diese Freiheit gegenüber dem Anderen zu beschneiden, solange die gesellschaftlich verbindlichen Normen eingehalten werden! Ein klassisches Freiheitsverständnis.

- Wenn ich dennoch Interesse habe, dass wir eine gemeinsame Haltung zum Lebensmitteleinkauf einnehmen, dann kann es nur darum gehen, zu lernen – für mich oder für den Anderen und dafür kann ich vielleicht etwas tun: ich muss es versuchen! Hier ist also Kommunikation auf Basis von Respekt vor unseren jeweiligen Bedingtheiten als Menschen der richtige Ansatz.

- Das heißt jedoch keinesfalls automatisch, dass ich die bisher vom Anderen gewählte Handlungsoption als *gleichwertig* ansehe. In meinen Bewertungen stehe ich zunächst erstmal dazu, dass ich meine Einkaufsphilosophie besser finde als seine. Das kann ich auch klar aussprechen und mich, falls wir über die Kommunikation (das Lernen) nicht zusammenkommen, im Notfall dafür entscheiden, getrennter Wege zu gehen, weil eine Übereinkunft zu viel Engagement erfordern würde. Aber der Vorwurf fehlt bei dieser Grundhaltung!

- Ich gestalte das Problem in diesem Fall zu einem *symmetrischen* Problem: wir müssen beide versuchen, zueinander zu finden, wenn wir die Begegnung wollen.

Nun geht es nicht immer um einfache Unterschiedlichkeit (z. B. der Einkauf im Bioladen vs. im Discounter), für die Respekt und Toleranz vielleicht noch recht leicht bewahrt werden können.

Wenn es um Entscheidungen geht, bei denen zentrale Moralvorstellungen eine Rolle spielen, fällt dieser Respekt vielleicht schwerer: Wenn eine aus Afghanistan stammende Frau in einer deutschen Kleinstadt lebt und am öffentlichen Leben teilnimmt, so muss ich annehmen, dass es zu ihrer Handlungsfreiheit gehört, mit Kopftuch auf die Straße zu gehen. Ohne Wenn und Aber! Ich sollte keinesfalls spekulieren, ob sie – im Sinne der Alternativität in der Begriffsdefinition – in ihrem Willen frei wäre, das Kopftuch auch wegzulassen. Im Zweifel ist einfach Respekt vor der von dieser Frau gezeigten Lebensweise erforderlich. Wer mag, kann plausibel annehmen, dass Determinanten der Familientradition, des muslimischen Glaubens, der dominanten Erwartung des Ehemanns oder der Eltern und vielleicht auch das Bedürfnis, eine gewisse Intimität zu bewahren, die Entscheidung für das Kopftuch bestimmten, also keine Willensfreiheit gewähren, keine Alternativen hinsichtlich des Kopftuchs zulassen. Wer hier jedoch den Gedanken mit sich herumträgt, die Willensfreiheit erlaube der aus Afghanistan stammenden Frau eine alternative Verhaltensoption, nutzt den Freiheitsbegriff für einen möglicherweise gar rassistischen Vorwurf, also einer Abwertung des Menschen, weil er anders ist. Wenn wir in Deutschland befürchten, dass mit dem Kopftuch ein rückständiges Frauenbild befördert würde, so darf dies nicht über einen Vorwurf thematisiert werden; stattdessen wäre vielleicht ein Bildungsprogramm angezeigt, also wiederum Lernen. Möglicherweise müssen wir aber auch selbst lernen, dass eine aus Afghanistan stammende Frau ein Kopftuch trägt und sich dennoch in ihrer Frauenrolle emanzipiert hat.

Und wenn es dann gar um kriminelle Handlungen geht, so bedeutet es auch ein grundsätzlich anderes Menschenbild, ob ich dem Kriminellen bei einem vorsätzlichen Verbrechen Willensfreiheit zuschreibe oder ihm einen unfreien – durch deformierende Prägung entstandenen – Willen zuordne. Es ist fraglos möglich, ein solches Verbrechen auch ohne den Vorwurf der

Schuld zu sanktionieren, die Gesellschaft zu schützen und dem Täter Verantwortlichkeit zuzurechnen (Abschnitt 3.13). Auch hat die Frage, ob ich dem Verbrecher einen Vorwurf mache, also Schuld im klassischen Sinne zurechne oder nicht, nichts mit einer Verharmlosung seiner Tat, mangelndem Sanktionswillen oder mit einer unzureichenden Abgrenzung gegenüber dem Verbrechen zu tun!

Die Annahme einer fehlenden Willensfreiheit

- lenkt jedoch den ersten Blick auf die Ursachen, wie ein Mensch zu unmenschlichen Taten befähigt wird,
- setzt damit im Blickwinkel dort (bei den Ursachen, bei den Tatmotiven) an, wo am ehesten Erfolg durch Lernen und damit künftige Veränderung in der Willensbildung des Verbrechers erwartet werden darf,
- entzieht sich damit der Versuchung, mit intuitiver Unterstellung von Schuld einer philosophisch strittigen und nicht beweisbaren These zu folgen, und
- stützt sich stattdessen auf die plausible Annahme der Bedingtheit des Menschen, ohne die notwendigen Sanktion zu vernachlässigen.

Auch hinter der Schuldzuweisung aufgrund der Willensfreiheitsannahme („Du hättest auch anders wollen und handeln können!") steht also eine gewisse Hybris, die sich Gesellschaft und Gerichtsbarkeit derzeit ohne Not zu eigen machen.

Es ist bei der Willensbildung anzunehmen, dass keine prinzipiellen Unterschiede in der Zuordnung von Freiheit bestehen, ob es denn um Entscheidungen des Alltags geht (Einkauf im Discounter oder im Bioladen), um Entscheidungen des angemessenes Auftreten in der Öffentlichkeit (Kopftuch der Afghanin) oder um das Verbrechen. Die Frage der Freiheit ist für alle diese Beispiele auf unterschiedlichen Ebenen identisch zu beantworten: Es gibt keine Willensfreiheit! Warum auch sollten wir auch bei den moralischen und großen Fragen des Lebens Freiheit bei der Willensbildung besitzen und bei den kleinen Fragen, wo es nicht um „gut" und „böse" geht, keine solche Freiheit?

5.9 Parabel vom gelungenen Leben – oder: das eigene Pilzgericht

Die Idee dieses Essays lässt sich nach als diesen Argumenten und Diskussionen auch in einer einfachen Erzählung zusammenfassen: der Parabel vom gelungenen Leben – oder: das eigene Pilzgericht:

Der junge Mann wählte auf der Speisekarte grundsätzlich „Champignons mit Rahmsauce", weil schon seine Eltern nur dieses Pilzgericht regelmäßig zubereiteten. Andere Pilze und Pilzrezepte kannte er damals nicht. Es schmeckte ja auch ganz lecker.

Er kochte auch gerne und wollte – kaum hatte er später eine eigene Wohnung – sein Küchenwissen erweitern. Er lernte aus Büchern, aus dem Internet und durch Probieren. So hatte er jetzt ein gewisses „Pilzgerichtsrepertoire" für seine Kochoptionen kennengelernt. Für seinen Freundeskreis entschloss er sich, Pfifferlinge in Rahmsoße zu servieren, schon weil das endlich mal etwas anderes war als das, was er von zu Hause kannte. Deshalb kam inzwischen ein „Zurück zu den Champignons" auf keinen Fall für ihn in Frage und bei den anderen potenziellen Pilzgerichten fürchtete er, dass diese vielleicht den pilz-unerfahrenen Freunden nicht schmecken könnten. Das wäre ihm sehr peinlich gewesen. So kamen diese Alternativen nicht in die engere Auswahl. Es blieb nur „Pfifferlinge in Rahmsoße" und das kochte er denn auch.

Dann fand er im Internet das Pfifferlingsragout des Starkochs (4-Sterne-Bewertung im Netz). Das musste ja besser sein! Durch den Hinweis: „etwas schwierig", der neben dem Internetrezept stand, sah sich der junge Mann in einer neuen Liga. Und klar, seine Kompetenz hatte sich so wieder erweitert. Grundsätzlich hatte er jetzt deutlich mehr Pilzgerichts-Optionen zur Verfügung. Aber konkret? Pfifferlinge oder gar Champignons in Rahmsauce zu kochen waren nun „unter seinem Level", wie er seine Abwägungen etwas von oben herab zusammenfasste. Er entschloss sich bei der nächsten Einladung für das Pfifferlingsragout des Starkochs, auch wenn es ihm eigentlich selbst nicht so recht mundete – seine lange Abwägung wurde dadurch entschieden, dass er sich dadurch die höchste Anerkennung durch die Freunde erwartete. An diesen Kriterien und seinen derzeitigen Prioritäten konnte er in seiner Auswahl des Gerichts nicht vorbeigehen.

Der inzwischen nicht mehr ganz so junge Mann hatte eine gewisse kreative Begabung und bekam im Laufe seiner Erfahrungen eines Tages eine neue Koch-Idee. Er fand für seine Pfifferlinge eine Weinsauce, die – unter anderem mit einem Hauch Ingwer verfeinert – einen besonderen Geschmack in das Pilzgericht zauberte. Das war nun einfach „sein" Pilzgericht! Das Pilzgericht schmeckte nicht allen seinen Freunden, aber darauf kam es ihm nicht (mehr) an. Überhaupt brauchte er inzwischen nicht mehr „den Anderen" so unbedingt zu gefallen, wie das früher der Fall war. Er musste jedoch bei der Dosierung der Zutaten immer ganz genau hinschmecken, ob das zubereitete Essen tatsächlich „sein" Pilzgericht war – eine kleine Abweichung und es schmeckte einfach „fremd" und „falsch". Und seither kochte er für sich und seine Freunde „sein" unverwechselbares Pilzgericht, das sich im Laufe der Zeit immer einmal veränderte, denn sein Hinschmecken verlangte von Zeit zu Zeit eine Korrektur. Man entwickelt sich ja weiter!

Mit seinem Kochen fühlte er sich nun frei von den Erwartungen der Eltern, frei von dem allgefälligen Gaumenschmeichler der Rahmsauce, frei von den Manipulationen durch Starköche-Sterne, umfassend kompetent durch die vielen Erfahrungen mit diversen Pilzgerichten, und vor allem frei, das zu kochen, was „sein eigenes" Leibgericht war – durch das Geschenk, dass er das Hinschmecken lernen dürfte und also mehr auf sich selbst hörte. So etwas kann man nicht „machen"! Er war jetzt ziemlich frei … ganz ohne Willensfreiheit, denn seine Auswahlkriterien und seine Gewichtungen, was sein Pilzgericht war, konnte er nicht bestimmen; er konnte nur finden, was für ihn stimmig war!

Zweimal „Übrigens" zu dieser Geschichte:

Erstens: Übrigens hätte es dem jungen Mann im Alter durchaus „passieren" können, dass er doch auf die „Champignons mit Rahmsauce" zurückgekommen wäre, wenn er dieses denn schließlich als „sein" Gericht wahrgenommen und adaptiert hätte und nicht mehr als das Gericht seiner Eltern.

Zweitens: Übrigens sind Pilzgerichte ja nun eine etwas heikle Angelegenheit. Wenn der nicht mehr ganz so junge Mann seinen Gästen ein Gericht anbietet, dass bei einigen zu Unverträglichkeiten führt oder gar ein erhöhtes Erkrankungsrisiko (etwa durch Verdauungsprobleme) beinhaltet, so ist ihm dafür – angesichts seiner Kompetenz (!) – Verantwortung zuzurechnen. Er kann in diesem Falle also in Regress genommen werden: es ist moralisch berechtigt und geboten zu fordern, dass er da etwas dazu lernen muss!

5.10 Frei ohne Willensfreiheit

Leo Tolstoi (1828–1910) wird in Verbindung der Diskussion des Freiheitsbegriffs folgender Satz zugeschrieben: „Das Glück besteht nicht darin, dass du tun kannst, was du willst, sondern darin, dass du immer willst, was du tust".[109]

Dieser Essay stellt sich mit seiner zentralen Botschaft in Widerspruch zu diesem Aphorismus. Bei Tolstoi wird der Fokus auf den Willen gerichtet und mir scheint, dass mit „Willen" hier ein vom Bewusstsein kontrollierter Wille gemeint ist – danach soll sich das Handeln ausrichten. Dies ist eine Misstrauenserklärung gegenüber einem Handeln, das sich nicht maßgeblich am Bewussten ausrichtet. Mir scheint sich darin eine Überhöhung des Bewusstseins auszudrücken und das Bewusstsein eng mit der Vernunft zu verknüpfen. Ich ahne, dass dies ganz dem Gedanken des Primats der Vernunft entspricht und damit die Botschaft der Aufklärung wiederholt wird: Glück liegt im vernünftigen Leben! Oder: Freiheit liegt im vernunftgesteuerten Leben!

Die Problematik des freien Willens liegt darin, dass bereits mit der Aufklärung und noch heute immer die Freiheit des Menschen zu eng mit Vernunft und dem moralischen Sollen einer Kultur (oder gar einem universell gültig angenommenen Sollen) verknüpft wird. Das Glück und die Freiheit findet der Mensch jedoch nur, wenn er auf sein Selbst hört und in Einklang mit diesem Selbst versucht zu handeln. Das beinhaltet Bewusstsein und Vernunft, aber nicht nur, und kann auch einen recht unvernünftig klingenden Lebensweg beinhalten. Das heutige Verständnis von Freiheit schließt ein, dass auch das Unbewusste und Unterbewusste unser Handeln maßgeblich beeinflussen dürfen! Diesem Freiheitsverständnis versuche ich im Begriff der Handlungsfreiheit einen Raum zu schaffen, der ihm durch die Fixierung auf

---

109 https://www.aphorismen.de/zitat/15501; besucht 1.6.2024

das Bewusstsein im Verständnis der Willensfreiheit verloren gegangen ist. Die biologisch-mentale Möglichkeit zur Steuerung und Selbstkontrolle bedeutet nicht, dass der gereifte Mensch oder der freie Mensch das Instrument der Selbstkontrolle umfassend oder gar durchgängig nutzen solle – es mag für manche Menschen zu ihrem „Selbst – Verständnis" gehören, der Selbstkontrolle mittels Bewusstsein einen zentralen Platz in ihrer Lebensgestaltung zuzuweisen; es mag andere, ebenfalls reife Persönlichkeiten geben, die sich dann frei fühlen, wenn sie der Selbstkontrolle nur situativ einen eingeschränkteren Platz einräumen.

Mir gefällt die Brücke von Freiheit und Glück, wie sie im Tolstoi-Aphorismus anklingt. Für mich ist Glück auch gefühlte Freiheit! Psychologisch gibt uns die Handlungsfreiheit ein Glücksgefühl, wenn wir die Chance zum Handeln nach dem *eigenen* Willen haben (siehe auch: die Parabel vom gelungenen Leben; Abschnitt 5.9). Wir sind dann näher „an uns dran" – die Ahnung der Stimmigkeit und die persönliche Entwicklung zu einem stimmigen Leben machen glücklich. Auch wenn dieses Verständnis von Freiheit am Individuum ansetzt, scheint es mir eine zentrale Voraussetzung auch für ein kollektives Freiheitsverständnis zu sein.

Frei ohne Willensfreiheit – es handelt sich um ein und dieselbe Freiheit, die als Bindeglied die scheinbar paradoxe Aussage des Titels dieses Essays auflöst: es die Freiheit durch Selbstwahrnehmung und Selbstreflexion! Selbstreflexion ist Voraussetzung für eine erwachsenere und reifere Willensbildung, die dennoch berücksichtigt, dass wir die in uns wirkenden unbewussten Kräfte bei unserer Willensbildung grundsätzlich nicht frei steuern und begreifen können. Denn wir sind auch als Menschen Geschöpfe. Selbstreflexion gibt uns dennoch die Chance, im Leben zu wachsen, also authentischer zu handeln – und zunehmend so zu handeln, wie es unserem Selbst näherkommt. Das bedeutet Glück!

Nachwort

Der Autor dieses Essays ist sich natürlich darüber bewusst, dass die Entwicklung und Niederschrift des Textes „Frei ohne Willensfreiheit" nicht einer freien Willensentscheidung entstammt. Ich konnte nicht anders! Andererseits bin ich mir auch darüber bewusst, dass die Leserschaft zum größeren Teil – schon von unserer kulturellen Prägung her – von der Existenz der Willensfreiheit überzeugt ist. Nun finde ich es sehr spannend, in welcher Weise und in welchem Ausmaß trotz dieser kulturellen Prägung in unserer Gesellschaft der vorgelegte Text dazu geeignet ist, die alte Diskussion um das Thema der Willensfreiheit in eine neue Richtung zu lenken.

Die größte Schwierigkeit für mich während der Textarbeit stellte die Begriffsverwirrung dar: die Heterogenität und der Bedeutungswandel des Begriffs der Willensfreiheit über die Jahrhunderte hat in Philosophenkreisen ein anderes Begriffsverständnis herbeigeführt als in der interessierten Laien-Diskussion. Das mit der Semantik verbundene emotionale Begriffsverständnis von Freiheit und Willensfreiheit passt zudem nicht zur wissenschaftlichen und nicht zur in der Öffentlichkeit gebräuchlichen Definition. Da jedoch unser Bewusstsein einerseits von wissenschaftlichem Begriffsinhalt und andererseits von emotionaler Begriffsqualität beeinflusst und verzerrt ist, gestaltete es sich schwierig, einen Pfad zu finden, der trotz dieser Geschichte einen Zugang zur Thematik für möglichst weite Kreise der Leserschaft ermöglicht.

Es ist und war ein Versuch, der vielleicht nur einen kleinen Mosaikstein darstellt, uns als Menschen in menschlicher Lebensgestaltung zu assistieren. Es ging mir in erster Linie nicht darum, die erkenntnistheoretische akademisch-philosophische Debatte zu befeuern, sondern um alltags- und praxisrelevante Philosophie. Manche haben in ihrer Moral und in ihrem Menschenbild einen anderen Weg gefunden, über den sie Respekt vor Menschen mit unterschiedlicher Kultur und Lebensgeschichte, Demut vor unseren Grenzen und einen liebevollen Umgang mit sich selbst bewirken können. Das würde mich gleichermaßen freuen wie die Wahrnehmung, wenn dieser Essay etwas in eben diese Richtung bewegen konnte. Denn das war mein Bemühen.

Danksagung

Dieser Essay basiert auf Gedanken während weiter Wanderungen zwischen Cessenon-sur-Orb, Kašperské Hory und dem Thorong-Pass, nächtelangem Schreiben und Verwerfen von Ur-, Vor- und Vortragsversionen, dem Studium spannender Publikationen zur ausufernden Thematik und vor allem intensiver, teilweise streitbarer Gespräche mit einigen Freundinnen und Freunden sowie weiteren interessierten Menschen in Freiburg und in Berlin. Für die anregenden Impulse aus diesen Gesprächen möchte ich mich sehr herzlich bedanken, insbesondere bei Heide Jarasch, Irene Kalberlah, Andreas Lutzke, Franz Pesold, Beate Riess, Uli Siess, Lukas Trabert, Martin Wolf, Olivia Wolf und den Mitgliedern des Salon L'écritoire in Berlin und des Roten Salon in Freiburg.

Freiburg, im Juni 2024